폼잡지 말고
플랫폼 잡아라!

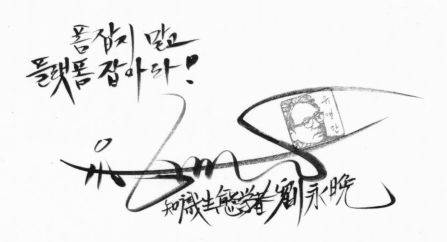

知識生態學者 劉永晩

'폼' 잡지 말고 '플랫폼' 잡아라

플랫
폼 잡지 말고
잡아라

막힘없이 잘 풀리는 사업가, 뭘 해도 꼬이는 사업자

지식생태학자 유영만 지음

모루

달콤한 주말을 보내고
내일 아침 월요일이면 또다시
회사로 출근해야 하는 당신!

월요일 출근길에 다리가 떨립니까?
아니면
심장이 떨리시나요?
다리가 떨리면 사업자, 심장이 떨리면 사업가입니다.

왜 그럴까요?

월요일 출근길,
다리가 떨리는 사람 vs 심장이 떨리는 사람

여행은 우리에게 설렘을 줍니다. 굳이 먼 곳까지 다녀오는 일이 아니더라도 말이죠. 그래서 누구나 여행을 떠나기 전에는 온몸을 휘감는 설렘으로 심장이 떨리게 마련입니다. 새롭고 낯선 곳에 대한 설렘이 떨림을 제공합니다. 하지만 익숙한 장소, 일, 사람을 마주할 때에는 우리 심장이 요동치지 않습니다. 다만, 다리만 떨릴 뿐입니다. 평범한 사업자는 심장 떨리는 일보다 다리 떨리는 일이 더 많습니다. 고민 없이 어제 했던 일을 기계적으로 반복하고, 그래서 결과가 안 좋으면 남 탓하기 바쁩니다. 반면에 비범한 사업가는 늘 자신의 심장 떨림을 느낍니다. 여태 가보지 못한 여행을 떠나듯 사업을 할 때에도 새로운 것

심장 떨리는 삶을 살고 있는가?(출처 : Pexels_photo by Akyurt ngin)

들을 찾아 자신의 일에 적용합니다. 어제 했던 방식에서 벗어나 새로움을 추구하며 떨리는 심장을 느끼고 즐깁니다. 자, 저는 지금부터 다리 떨리는 사업자보다 심장 떨리는 사업가가 되어보자는 이야기를 해볼 참입니다.

평범한 사업자는 어제 내가 해왔던 방법을 고수하면서 틀에 박힌 방식으로 일을 하고, 비범한 사업가는 어제와 다른 방식으로 설레는 일을 상상하며 심장 뛰는 마음으로 내일을 기다립니다. 사업자는 자기 일을 사랑할 틈도 없이 무기력한 모습으로 어제까지 해온 것과 똑같은 일을 반복하며 힘겹게 '노동'을 하지만, 사업가는 자신의 일을 너무 사랑한 나머지 어제와 다른 방법을 모색하며 재미난 '놀이'를 즐깁니다. 그리고 스스로에게 이런 질문을 해봅니다.

비범한 사업가의 질문

- 나는 지금 내 일을 즐기고 사랑하는가?
- 나는 마음 설레는 상상을 하는가?
- 예전과 다른 새로운 방법을 궁리하는가?
- 나의 삶에 어제와 다른 질문이 녹아 있는가?

평범한 사업자는 일이 곧 노동입니다. 일이 노동처럼 느껴지는 이유는 일에 대한 열정도 식고, 그 일을 사랑하지 않기 때문입니다. 또한 일에 대한 질문도 없습니다. 완전치 못한 인간 본성에 비추어볼 때 자신의 일이 힘든 노동으로 느껴진다면, 심장이 아닌 다리가 떨리게 마련입니다.

반면에 비범한 사업가는 자신에게 주어진 일이 늘 흥미롭고 재미가 있으며, 그 일을 진심으로 사랑합니다. 자신의 일을 너무 사랑하기에 궁리, 사색, 질문이 끊이질 않습니다. 사업가는 늘 색다른 질문을 던져 어제와 다른 색다른 방법으로 일을 합니다. 당연히 발걸음이 가볍고 마음 설레며 심장도 떨리게 마련입니다.

사업자에게 사업은 생계수단으로서 어쩔 수 없이 해야 하는 노동으로 여겨지지만, 사업가에게 사업은 나다움을 드러내는 신성한 일이요, 일생일대 혁신을 일으키며 인생의 소중한 전환점을 마련하기 위한 경이로운 축제입니다. 일이 숙제처럼 느껴지는 사업자에게 내일은 설렘 없는 불안한 미래입니다. 그러나 축제를 즐기는 사업가는 항상 내일이 기대되고 설렙니다.

물론 사업자도 질문이나 생각을 전혀 안 하는 건 아니겠죠. 가령, 사업자는 사업이 잘 안 풀릴 경우 사업 부진의 이유나 원인을 세상 밖에서 찾습니다. 사업자는 '~ 때문에' 사업이 부진하고 안 된다고 생각하는 데 익숙합니다.

~ 때문에 일을 망치는 사업자

~ 때문에 망했네, 젠장.
~ 때문에 손해가 늘었잖아.
~ 때문에 될 일도 안 되는군.

그러나 사업자는 잘 안 풀려도 남 탓을 안 합니다. 조용히 자신의 내면을 들여다보며 남다른 상상력과 색다른 방법으로 새 방법을 찾고자 노력합니다. 사업가는 샘솟는 새로운 생각 덕분에! 낯선 환경과 어려움에 놓이더라도 이를 즐기며 새 길을 만들어가는 데 능숙합니다.

~덕분에 성공가도를 달리는 사업가

~ 덕분에 전화위복이 되었군.
~ 덕분에 큰 도움이 되었어.
이건 모두 ~ 덕분이야.

평범한 사업가와 비범한 사업자 간의 생각의 차이, 행동의 차이를 찾아보면 더 많습니다. 사업자는 단순히 정해진 지도를 따라가는 것에 익숙합니다. 지도 밖에 길이 있다고 생각조차 안 합니다. 당연히 길이 있을 수 없습니다. 늘 지도 안의 길만 오갈 뿐이죠. 그러나 사업가는 지도에 없는 길이 나타나면 순간적으로 지형부터 파악합니다. 그리고 새로운 길을 걸어가며 기존의 지도를 바꾸어갑니다.

길은 지도에 표시되지만 지형은 지도에 표시할 수 없습니다. 지도가 일차원적 지각 대상이라면 지형은 삼차원적 감각 대상입니다. 사업자에게 지도는 지금까지 해온 방식을 따라가는 좌표나 이정표입니다만, 사업가에게 기존 지도는 새로운 사업 구상을 방해하는 장애물이 될 수도 있습니다.

지도만 소중하게 생각하는 사업자는 법대로 추진하는 데 익숙하고, 지형을 새롭게 구상하는 사업가는 자기만의 법을 만들어 과거와 다르게 일을 추진합니다. 법은 내 마음대로 만들 수 없지만 방법은 내 마음대로 만들 수 있습니다. 법은 책상에 앉아 만들 수 있어도 방법은 몸을 움직여 실천하지 않으면 절대로 만들어지지 않습니다. 법전문가는 판례를 따지며 관례대로 따라가는 과거를 지향합니다. 그러나 방법개발 전문가는 기존 방법을 참고하되, 새 방법을 다양하게 시도하며 몸으로 만들어내는 미래를 지향합니다. 법전문가는 책상에서 논리로 길러낼 수 있지만, 방법개발 전문가는 일상에서 시행착오와 우여곡절, 그리고 절치부심을 겪으며 탄생합니다. 법은 행동하지 않고도 나름의 분석과 판단으로 만들어낼 수 있습니다만, 방법은 반드시 몸을 던져 체험적 각성과 통찰 끝에 성공의 비결이 만들어집니다.

많은 분들의 착각은 '생각이 통찰을 불러온다!'고 믿는 것입니다. 그러나 이는 사실이 아닙니다. 통찰은 움직임, 행동, 경험으로 만들어집니다. 따라서 저는 통찰을 얻고자 책상에 얌전히 앉아 생각하는 대신 온몸을 움직여 체험, 경험하는 일을 마다하지 않습니다. 과거에도 그랬고 앞으로도 그럴 겁니다.

필자는 그동안 2012년 사하라사막 울트라 마라톤 도전부터 2015년 킬리만자로 정상 등정을 포함, 시간이 날 때마다 무수한 도전을 통해 체험적 깨달음을 얻습니다. 아는 분도 계시겠지만, 이런 경험은 필자가 책을 쓰고 강연을 할 때 대중들에게 들려줄 소재, 이야깃거리가 되어줍니다. 체험 없는 이야기는 절대 상대방의 마음을 움직이지 못하고 감동을 줄 수 없습니다. 화려한 언변과 체계적인 논리도 체험과 경험 앞에서는 힘을 쓰지 못합니다. 그것이 체험을 통해 깨달은 필자의 통찰이자 지혜입니다. 이처럼 필자는 체험을 삶에서 가장 우선순위에 두는 편입니다.

참고 동영상
경험하지 않고 얻은 해답은 펼쳐지지 않은 날개와 같다
https://youtu.be/WBTCnHNa90Q

사업자는 다른 사람의 통찰력을 모방하여 자신의 사업에 적용하고자 생각하면서 행동을 바꾸려고 합니다. 우리의 생각은 우리가 행동한 결과로 생기는 부산물입니다. 생각은 행동이 바뀌지 않으면 바뀌지 않는 고정관념일 수 있습니다. 고정관념이나 통념을 깨는 방법은 지금까지 받아보지 못한 색다른 체험적 자극으로 충격을 주는 것입니다. 덧붙여서, 사업자와 사업가는 삶의 위기를 만나 극복하는 방법에도 큰 차이가 있습니다. 몇 가지를 함께 살펴볼까요?

첫째, 사업자는 나가서 행동하는 시간보다 앉아서 생각이 꼬리를 물고 검토하는 데 더 많은 시간을 소비합니다. 검토에 검토를 거듭하다 적극 검토도 모자라 더 적극적으로 검토합니다. 우리나라가 보유한 세계 최고의 경쟁력이 검토 능력이라는 우스갯소리가 있을 정도입니다. 만약 4년마다 열리는 검토 올림픽이 있다면 우리나라가 전 분야에서 금메달을 휩쓸고도 남을 것입니다. 또 하나의 우스갯소리지만, 북대서양조약기구 영어 앞글자 'NATO'를 사업자에 적용할 경우 'No Action Talking Only'라는 이야기도 회자되곤 합니다. 이렇게 말만 늘어놓는 사이 세상은 과거와 다르게 빠르게 바뀌고, 검토했던 사안은 효력을 상실한 채 실기(失期)하는 경우가 많습니다.

'No Action Talking Only!'

사업가는 앉아서 생각의 꼬리를 물고 검토를 거듭하는 일 대신 자기 생각이 현장에서 먹히는지를 직접 실험합니다. 실제로 다양한 방법을 시도하고 모색합니다. 생각의 옳고 그름을 논리적으로 판단하기보다 직접 실천해봄으로써 현장 지향적인지를 검증합니다. 세상은 생각하고, 고민하며 걱정하는 사람보다 몸으로 행동하면서 넘어지고, 자빠지고, 다시 일어나 도전하는 사업가가 바꾸어갑니다. 그래야 옳습니다. 사업가는 생각을 바꾸어 행동하는 대신 일단 몸부터 움직입니다. 생각에 몸을 맞추지 않고, 몸을 움직임으로써 경험하는 체험으로 통찰을 얻습니다. 정리하자면, 행동으로 통찰을 증명하는 사람이 진정한 사업가입니다.

경험, 체험 ⟶ 지혜, 통찰

둘째, 사업자는 자신의 이야기보다 남의 이야기를 더 많이 하는 사람입니다. 남의 이야기가 많다는 건 스스로 직접 경험한 체험, 흥미로운 스토리가 없다는 이야기입니다. 체험이 없으니 들려줄 말도 당연히 없습니다. 사업자는 늘 남들이 좋은 성과를 낸 결과만 따라 하는 벤치마킹에만 골몰합니다. 어느 누군가 어떤 분야에서 성공했다는 이야기가 들려오면, 그 사람처럼 되려고 따라하는 노력만큼은 대단합니다. 남의 이야기를 주로 한다는 건, 내 삶이 그만큼 취약해졌다는 증거입니다. 남의 이야기를 하는 시간이 많아진다는 건, 내가 주어인 삶보다 다른 사람이 내 삶을 주도하는 주어로 둔갑해 내 삶을 지배하는 시간이 늘었다는 이야기입니다.

반면에 사업가는 작은 생각이나 아이디어일지라도 자신이 직접 몸을 던져 체험해본 스토리가 많습니다. 타인에게 들려줄 이야기가 많을 수밖에 없으며, 그런 스토리에는 사업가의 희로애락이 담겨 있죠. 사업가는 아무리 좋은 생각과 아이디어라도 자신의 몸을 관통하며 다가오는 통찰이 아니라면 절대 신뢰하지 않습니다. 사업자에게 다른 사람의 성공 스토리는 금과옥조처럼 아끼는 인생의 교본이겠지만, 사업가에게는 그저 참고자료에 불과합니다. 사업가는 성공한 결과보다 성공하기까지의 과정에서 겪은 자신의 인간적 고뇌와 시행착오에서 배운 교훈을 더 소중히 여깁니다.

셋째, 사업자는 호기심의 물음표보다 세상은 늘 그렇다고 생각하며 마침표를 찍습니다. 사업자에게는 호기심의 물음표보다 지금 하는 일을 어떻게 해야 빠르게 끝낼 수 있는지가 더 중요합니다. 사업자에게 물음표는 귀찮은 존재에 불과하죠. 그들에게 필요한 건 단기간의 성과와 높은 실적을 올린 후 서둘러 마침표를 찍는 일입니다. 그리고 사업자가 자주 쓰는 단어들이 있습니다. '원래', '물론', '당연'이라는 말들입니다. 누군가 뭐라고 말하면 원래 그런 거니까 걱정하지 말라고 합니다. "물론 그런 거지", "당연한 거야"라는 말을 입에 달고 삽니다. 그렇게 물음표가 없어지고 마침표가 찍히기 시작할 때 사업자의 삶은 심각한 위기에 직면한 거라고 생각합니다.

하지만 사업가는 원래, 물론, 당연이라는 말을 잘 사용하지 않습니다. 그들은 매사에 호기심의 물음표를 던지고선 이전과 다르게 생각합니다. 당연하다고 믿어온 신념, 가치관은 물론 근본적인 가정에도 시비를 걸어 새로운 가능성을 찾아 나섭니다. 사업가의 일상은 어제와 다른 물음표를 끊임없이 던집니다. 그렇게 새롭게 비상하기 위한 상상력을 발휘합니다. 또한 사업가는 먼 곳에서 답을 찾는 대신 가까운 곳의 익숙한 현상을 색다른 시각으로 보고자 노력하면서 또 하나의 가능성, 새로운 답을 찾습니다. 사업가는 항상 머릿속에 호기심의

여는글

물음표를 지니고 다닙니다.

넷째, 사업자는 어제의 방법을 고수하며 도전을 회피하는 데 익숙합니다. 사업자에게 도전은 두려움의 대상이요, 위험한 출발입니다. 사업자가 또 다른 가능성을 찾아 미지의 세계로 나가기보다 기존 방식을 고수하는 이유는 무엇일까요? 사업자에게는 낯선 세상보다 익숙한 세상이 심리적으로 훨씬 더 포근한 안정감을 주기 때문입니다. 사업자도 처음에는 열심히 일했을 테지만, 시간이 지날수록 매뉴얼에 익숙해지고, 그것만이 정답이라고 믿으며, 매너리즘에 빠져 살아갑니다. 매뉴얼대로 안 되는 일이 발생해도, 사업자는 지금까지의 경험을 통해 자신이 옳다고 믿는 방법이야말로 사업에 가장 효과적인 의사결정 지침서라고 생각합니다. 그들은 웬만해선 생각을 바꾸지 않습니다. 이렇듯 사업자는 색다른 도전이 없습니다. 그러니까 당연히 색다른 실패도 해볼 수 없습니다. 그러나 우리가 알고 있듯이 인류의 역사는 실패를 반복하고 숱한 실패를 보강해온 결과입니다.

사업가는 지금까지 해온 방식을 과감히 내려놓고 다른 방법을 찾는데 골몰합니다. 시시각각 변하는 세상과 고객의 욕구를 파악하고자 노력합니다. 그들에게는 지금까지 사업을 해오며 축적한 수많은 노하우가 그저 참고자료일 뿐입니다. 사업가는 과거 경험에 매몰되지 않으려고 이전과 다른 방식으로 색다른 도전을 즐깁니다. 사업가는 색다른 실패가 많아야 더 나은 실력을 쌓을 수 있다고 생각합니다. 사업가에게 늘 하던 방식대로 하는 일은 용납되지 않습니다. 현실 안주가 시작되면 안락사로 가는 지름길이 열린다고 생각하기 때문입니다!

다섯째, 사업자는 되는 방법보다 안 되는 이유를 찾는 데 많은 시간을 보냅니다. 책상에 앉아서 안 해도 되는 이유, 어떤 일을 할 경우 분명 손해가 날 거라는 자기 합리화와 핑계를 찾습니다. 또 사업자는 어떤 일을 해보기도 전에 여러 가지 근거, 자기 정당화를 통해 '해보나 마나 안 될 거야!'라는 핑계를 대기에 급급합니다. 안 해도 되는 이유, 하더라도 잘 안 될 거라는 자기 합리화를 끝도 없이 만들어냅니다. 가령 운동을 시작하기로 결심한 K씨가 있습니다. K는 마침 다음 날 비가 오면 비가 나를 보우하사, 비가 그치면 운동하기로 결심합니다. 그러나 비가 그치는 날 운동하기로 결심하는 순간, 운동을 시작하지 않아도 되는 또 다른 이유가 생깁니다. 이렇듯 사업자는 문제가 잘 안 풀리면 바깥에서 문제의 원인을 찾고 습관적으로 자기 합리화를 반복합니다.

그러나 사업가는 문제가 꽉 막혔을 경우 내면의 성찰을 통해 근본적인 원인을 찾습니다. 문제의 발단, 원인을 자기 내면에서 찾으며 안 된다고 생각하기보다 오히려 덕분에 새로운 기회를 찾을 수 있는 계기가 생겼다고 생각합니다. 해보기도 전에 안 된다고 생각하면 안 될 가능성만 높아집니다. 되는지 안 되는지의 여부는 몸으로 진짜 해봐야만 알 수 있습니다. 되는 사람은 되는 방법을 찾아 결국 일이 성사되도록 만들어갑니다.

그 밖에도 평범한 사업자와 비범한 사업가를 가르는 기준은 수도 없이 많습니다. 이는 비단 사업체를 운영하는 분들에게만 적용되는 이야기가 아닙니다. 자신에게 주어진 삶을 살아가는 모든 사람에게 적용되는 삶을 마주하는 올바른 자세, 삶을 잘 살아가는 지혜의 이야기입니다. 우리가 금과옥조라고 생각하는 인류의 고전과 인문학에도 표현만 다를 뿐 결국 필자가 앞서 나열한 사업가의 자세를 강조합니다. 한 번 태어나 유한한 시간을 살다가 자연으로 돌아가는 우리는 좀 더 품위 있는 삶을 살아야 합니다. 여러 가지 근거로 사업가의 자질을 말했지만, 결국 사업가의 삶을 사는 것이 품위 있는 삶이랄 수 있겠습니다.

인간은 늘 선택의 문제 앞에 서 있습니다. 어떤 선택을 하느냐에 따라 삶의 질과 결과가 달라집니다. 우리의 선택은 힘겨운 노동일 수도 있고, 즐거운 축제일 수도 있습니다. 우리의 선택은 변하지 않는 안정일 수도 있고, 가슴 설레고 심장이 뛰는 모험일 수도 있습니다. 물론 선택은 각자의 몫이겠습니다만, 아무것도 하지 않아 아무 변화도 벌어지지 않는 삶보다는 좌충우돌 체험, 경험을 통해 그것이 진짜 참인지 거짓인지 구별하는 삶이 한결 더 재미있고 흥미롭습니다.

　월요일 아침, 떨리는 다리를 이끌고 아무 매력도 못 느끼는 일을 기계적으로 하느라 힘든 노동의 시간을 보내는 사업자가 되시렵니까? 매순간 열정과 설렘이 꺼지지 않는, 매순간 심장 뛰며 내일이 오기만을 기다리는 사업가의 삶을 살겠습니까? 지금까지 평범한 사업자의 삶을 살아보았다면, 그것으로 충분합니다. 이제, 비범한 사업가로 새롭게 살아갈 시간이 되었습니다. 이제, 다리 떨리는 사업자에서 심장 뛰는 사업가로 변신시켜줄 여행을 저와 함께 떠날 시간입니다. 많은 분들이 이 책을 통해 무거운 머릿속의 짐을 털어내고 가벼운 몸으로 성공을 만들어가는 비범한 삶의 주인공이 되시기를 바랍니다.

심장 떨리는 사업가 양성 프로젝트 멘토

&

지식생태학자

유영만

차례

PART
I

Network 사업가의 ——————
—————— 색다른 7가지 마인드

PART
II

내 인생의 무지개를 띄우는 ─────
── Network 사업가의 7단계 성공 모델

PART
III

인생의 8자도 바꾸는 ──────
─── Network 사업의 8가지 성공 철학

PART I

Network 사업가의
색다른 7가지 마인드

Network 사업가의 색다른 7가지 마인드

01
LifeWork
· 라이프워크 ·
일생일대 한 번은 미쳐야 할
필생의 사업(事業)

02
ArtWork
· 아트워크 ·
내 삶을 불멸의 작품으로
만드는 예술(藝術)

03
FrameWork
· 프레임워크 ·
이전과 다르게 세상을
바라보도록 하는 패러다임

04
GroundWork
· 그라운드워크 ·
성공을 넘어 성장과
성숙을 위한 준비 작업

05
TeamWork
· 팀워크 ·
더불어 즐겁게 살며
행복해지는 협업(協業)

06
HomeWork
· 홈워크 ·
살아있는 동안 매일
반복해야 할 과업(課業)

07
FieldWork
· 필드워크 ·
발로 뛰면서
사람을 만나는 실전(實戰)

"'나는 이렇게 살려고 태어난 사람이 아니다!'라는 자각이 인생의 전환점이 되었다. 그리고 성공을 이루고자 내가 할 수 있는 모든 것을 바쳐 도전하고, 또 도전했다. 물론 뼈아픈 실수와 실패가 있었고 넘어지기도 했지만, 성공보다 실패가 더 많아야 삶이 더 강해진다는 사실을 깨달았다. 숱한 실패가 쌓여야 성공의 기회가 찾아온다. 여러분이 진짜 비범한 사업가로 성공하기를 원한다면 삶을 갉아먹는 나쁜 습관들과 완벽하게 이별한 후, 주변에서 귀감이 되어주는 이야기를 찾아 삶에 적용해야 한다. 그것이 첫 번째 취해야 할 행동이다.

그런 면에서 네트워크 사업가에게 들려주는 유영만 교수의 보석 같은 이야기는 긍정의 에너지로 작용해 엄청난 동기를 부여해준다. 저자가 강조하는 강한 체력, 강력한 실천, 더욱 과감한 발상의 전환이 사업의 성패를 좌우한다는 걸 사업을 해본 사람들은 안다. 이 책은 수동적인 생각을 능동적으로 바꾸고, 위기를 기회로 역전시키는 마중물 역할을 해줄 것이다. 이런 콘셉트의 책이 출간되어 개인적으로 반가우면서도 정말 기쁘다."

켈리 최 _《웰씽킹》《파리에서 도시락을 파는 여자》 저자

경쟁력이 있어야 살아남는 시대다. 어떤 분야이든지 경쟁력이 없는 사람 또는 조직은 경쟁력을 갖춘 라이벌에게 뒤지고 만다. 그래서 다들 경쟁력을 갖추고자 노력한다. 그런데 여기서 한 가지 알아야 할 사실이 있다. 바로 경쟁력은 한 개인의 우수한 지능이나 독보적인 창의력에서 나오지 않는다는 점이다. 혼자 발휘하는 지력이나 창의력만으로는 우리 사회가 직면한 난국을 돌파할 수 없다. 그뿐만 아니라 복잡한 문제를 해결할 수도 없다.

미국의 경영학자 존 실리 브라운(John Seely Brown)[1]에 따르면, 지능

---

1   국내에 소개된 대표적인 책으로 《끌어당김의 힘》, 《공부하는 사람들》 외 다수가 있다. 지식 관리(Knowledge Management) 분야의 대가이며, 과학 저널에 100편 이상의 논문을 여러 발표했다. 미국 예술과학아카데미, 국립교육아카데미의 회원이다.

은 한 개인의 독자적인 능력이 아니라 Network 상에서 다른 전문가들과 협업하여 목적을 달성하는 사회적 합작품이라고 말한다. 지능이 좋고 나쁘다는 이야기는 더 이상 한 개인의 우수한 두뇌를 판단하는 기준이나 능력이 아니다. 오히려 지능은 다양한 능력을 갖춘 많은 사람들이 Network에서 서로 도움을 주고받으면서 우리가 당면한 문제를 해결하고 미래의 새로운 기회를 포착하는 협업 능력을 의미한다.

미래 사회는 어떤 사람들이 어떤 방법으로 주도해갈까? 예측해보건대, 어떤 문제가 발생하면, 이를 해결하기 위하여 장점과 개성을 갖춘 많은 사람들이 Network에 모여들 것이다. 그들은 리더십을 발휘하는 전문가들로서 Network를 활용해 문제를 해결하고 새로운 기회를 만들어가는 사람들이다. 그들이 바로 Network 사업가다.

Network 사업가는 Network를 바라보고 생각하며 행동하는 방식에서도 7가지 차별화를 갖고 있다. 그 내용을 한 가지씩 소개한다.

Network은 라이프워크

LifeWork

일생일대 한 번은 미쳐야 할
필생의 사업(事業)

업(業)의 본질은 재미있고 신나는 일일 뿐만 아니라, 나의 존재 이유와 가치를 드러내는 일이어야 한다. 그래야 끊임없이 열정이 피어나고 나의 업에 관심도 유지된다. 나아가 내가 해나가는 일을 통하여 살아가는 재미와 보람을 느끼고 삶의 의미 역시 더욱 뚜렷해지는 일일 때야말로 훌륭한 업을 가졌다고 볼 수 있다. 그런데 어떤 업이든 간에 기본적으로는 사람이 사람을 만나 상호 소통하며 서로의 가치와 행복을 추구한다.

그런 면에서 끊임없이 타인과 소통하는 Network 사업이야말로 사람들이 추구하는 행복을 배가시켜 주는 데 가장 효과적인 업이라고 볼 수 있다. 안타깝게도 세상에는 생각보다 많은 사람들이 그저 단순히 먹고 살기 위하여 일하지만, 그런 일을 통해서는 삶의 의미와 가치를 느끼기 힘들고 나의 존재 이유를 깨닫기도 어렵다. 인간이 추구해야 할 가치들이 먹고 사는 일에 밀려나는 것이다. 그런 면에서 Network 사업의 가장 큰 장점은 그 일을 통해 내 삶의 의미와 가치가 드높아진다는 점이라고 할 수 있다.

정리하자면, Network라는 업의 본질과 매력은 사람이 사람을 만나 서로가 살아가는 재미를 느끼고, 삶의 의미를 깨닫는 데에 있다. 유명한 불교 용어 중 '자리이타(自利利他)'[2]라는 말이 있다. 나에게 도움 되는 일이면 다른 사람에게도 도움이 된다는 의미다. 나에게 도움이 되는 일이면서 동시에 다른 사람에게도 행복한 도움을 제공하는 일이 Network 사업의 본질이라고 생각한다. 진정한 도움과 진정한 사랑은 '자리이타'에서 비롯되는 것이다.

영화 〈위대한 쇼맨(The Greatest Showman)〉[3]의 주인공 바넘이 남긴 명대사가 있다.

2　대승불교에서 깨달음을 구하는 보살이 수행해야 할 덕목 중 한 가지다. 말 그대로 자신을 이롭게 하고 상대방도 이로워야 한다는 뜻이다. 자기 혼자만 열반을 추구하는 '자리'의 길을 비판한 대승불교가 '자리'와 '이타'를 완벽하게 추구할 때 비로소 성불에 이를 수 있다고 보았다. '자리이타'의 반대가 나와 상대방 모두에게 손해를 입히는 '손해자타(損害自他)'이다.

3　실존 인물인 미국 하원의원 피니어스 테일러 바넘(Phineas Taylor Barnum)의 생애를 다룬 영화다. 휴 잭맨이 바넘 역할을 맡았다.

"다른 이들을 행복하게 해주는 것이 진정한 예술이다."

비록 영화는 끝이 났지만, 주인공이 남긴 한 마디 대사가 오랫동안 회자되어 우리에게 교훈으로 남았다.

일생일대의 가장 경이로운 일은 나의 노력으로 누군가 행복해지는 일이다. 나로 인해 상대방이 행복해질 수 있다는 건 생각만으로도 가슴 설레고 감동적이다. Network 사업은 나와 관계를 맺은 사람들이 함께 행복을 느끼면서 동시에 함께 성공의 길을 열어가는 일이다. 나의 정성과 노력으로 타인의 삶을 행복하게 바꾸는 Network 사업이야말로 사람이 태어나 반드시 도전해보고 성취해야 할 필생의 과업이라고 볼 수 있다.

'결단'이
곧 '발단'이다

필자는 Network 사업가의 길로 나선 여러분의 결단을 응원한다. 이에 결단에 관한 이야기를 조금 소개할까 한다.

셰익스피어의 희극,《햄릿》의 명대사 '사느냐, 죽느냐 그것이 문제로다!'를 기억할 것이다. 이 말은 명문장을 넘어 삶의 아포리즘 형태가 되어 늘 우리에게 경종을 울리는 질문으로 다가온다. 때때로 나태해지려는 생각에 죽비처럼 울리기도 한다. 또 이 말을 비범하고 색다른 사업가의 결단 능력에 대입해도 비슷한 위기의식으로 다가온다. "결단하느냐, 절단나느냐, 그것이 문제로다." 행동하지 않고 망설이면 망하고, 공사다망(公私多忙)해도 다 망한다. 지금 당장 '결단'하지 않으면 '절단'난다! 한국인이 갖고 있는 세계 최고의 경쟁력 중의 하나가 검토 능력이라는 말도 있다.

생각과 행동 사이에서 검토를 거듭할수록 고민은 깊어지고 생각은 행동과 결별을 선언한다. 뭔가를 시작하기 전에 결단을 내리지 않고 시작하는 때를 기다리거나 방법을 구상할수록, 시작하지 않고 완벽하게 시작하는 방법을 연구할수록 완벽하게 시작하지 못한다.

"무엇 하나 계획대로 되지 않는 세상에서
우리가 성공적으로 살아남을 수 있는 유일한 방법은,
무슨 일이든 다 시도해보는 것이다.
놀이하듯 즐겁게
그리고 일시적이고 즉흥적으로 해보는 것이다."

빈스 에버트(Vince Ebert)의 《세상에서 가장 기발한 우연학 입문》[4]

---

4 《세상에서 가장 기발한 우연학 입문》 빈스 에버트(지음), 장윤경(옮김). 지식너머(2017)

에 나오는 말이다. 시도하지 않고 고민하고 생각의 꼬리를 물수록 현명한 대안은 나오지 않고 검토를 반복하다 그만두고 내일 더 적극적으로 검토하는 회의를 계속할 뿐이다. 니체도 《인간적인 너무나 인간적인 II》[5]에서 이런 말을 남겼다.

> "모든 것의 시작은 위험하다.
> 그러나 무엇을 막론하고,
> 시작하지 않으면 아무것도 시작되지 않는다."

시작하는 방법은 그냥 시작하는 것이다. 시작하기 위해 완벽한 때를 기다리거나 완벽한 조건을 다 갖춘 다음에 완벽하게 시작하려다 완벽하게 시작하지 못하는 경우가 너무 많이 발생한다. 여러분이 일생일대한 번은 미쳐야 할 필생의 사업으로 Network 사업자의 길로 들어섰다면, 완전히 몰입해 사업을 완수해내야 한다. 모쪼록 선입견을 갖고, 시작하지도 않는 수많은 사람들보다 사업가로 성공하고자 이 세계에 발을 디딘 여러분의 앞날에 행운이 가득할 것이라고 믿는다.

참고 동영상
다짐이 많아지면 짐이 된다
https://youtu.be/khoMJ-jsP8A

---

5 《인간적인 너무나 인간적인 II》 프리드리히 니체(지음), 김미기(옮김). 책세상(2002)

Network은 아트워크
ArtWork

내 삶을 불멸의 작품으로 만드는 예술(藝術)

Network은 사람과 사람이 만나 혼자서는 창작할 수 없는 불멸의 예술 작품을 만드는 경이로운 작업이다. 누구나 갖고 싶어 하는 '명품'은 주로 밖에 있다. 그러나 비록 '명품'이라 할지라도 내가 만든 '작품'이 아니라면 그저 다른 사람이 만든 '상품'에 불과할 뿐이다.

'작품'은 창작자의 열정과 철학, 그리고 혼과 마음이 고스란히 들어갈 때 비로소 만들어진다. 그래서 '작품'은 창작자의 컬러와 향기가 묻어나게 마련이다. 이에 반해서 '상품'은 고객의 욕망을 자극하여 많이 팔기 위해서 만든다. 고객의 사고 싶은 욕구와 욕망을 최대한 자극해야 한다. '상품'은 그래서 '신상품'으로 끊임없이 대체되고 때때로 '명품'이라는 이름으로 포장되기도 한다. 우리의 욕망은 상품을 넘어선 명품에 닿아 있다.

'상품'에 철학이 담기고 쉽게 모방할 수 없는 컬러가 더해져야 진짜 '명품'이 된다. '명품'은 '상품'처럼 쉽게 만들질 수 없다. 자기만의 '명품'은 하루아침에 탄생하지 않는다. 매일매일 하루도 쉬지 않고 자신만의 컬러를 가꾸어 나가다 보면 어느 순간 자신의 '명품'이 빛을 발하기 시작한다. 그렇게 빛을 발하기 시작한 '명품'은 하찮은 세류와 세파에도 아랑곳없이 세상의 어둠을 밝힐 수 있는 등불이 될 수 있다.

나의 '명품'은 그 어떤 '상품'과도 비교할 수 없는 내면의 향기가 된다. 자기만이 낼 수 있는 향기는 그 어떤 곳에서도 찾을 수 없다. 눈을 안으로 돌려 나만의 향기를 낼 수 있는 나만의 컬러, 나의 '명품'을 개발하고 있는지 스스로 들여다보도록 하자. 사람들은 답을 밖에서 찾는 데 익숙하다. 그러나 대부분의 정답은 '밖'이 아닌 '안'에 있다. 우리가 눈과 생각을 밖 대신 안으로 돌려야 하는 이유다.

Network으로 흉내 내지 못할
예술을 만들어라

내가 일생을 통해 만들어낼 나만의 '작품'은 무엇인가? Network 사업의 작품은 나와 함께 평생을 같이할 사람을 조각하는 일이기도 하다. 내가 없어져도 나와 함께 했던 사람이 함께 나눈 철학과 신념을 통해 더 좋은 세상으로 만들어나가는 지극한 정성과 정신이 훌륭한 작품을 만드는 재료다. 고여 있어 썩기 직전의 삶이 찬란하게 변하려면, 평생 함께 어우러져 일을 도모해갈 Network 안의 사람들과 소통하고 교류해야 한다.

이처럼 신뢰가 바탕이 되고 끈끈함으로 연대한 교류를 통하여 나의 삶, 우리의 삶이 더불어 불멸하는 작품과 같은 예술이 만들어질 수 있다. 지금과 같은 소통의 시대에는 아무리 잘난 사람이라도 자기 혼자 이룰 수 있는 일이 거의 없다. 나의 존재와 가치를 인정하고 알아주는 사람들과 함께 Network을 만들어 협업하며 성과를 만들어가는 시대다. 서로서로 믿고 의지하며 정성을 다해 도우면 반드시 좋은 열매가 만들어지게 마련이다. 예로부터 전해오는 이야기들은 헛된 것이 하나도 없다. '하늘은 스스로 돕는 자를 돕는다'고 했다. 그물망처럼 촘촘하게 이어진 관계, 즉 Network 안에서 서로 도우며 성과를 만들어가면서 예술이 만들어진다는 사실을 기억하자.

참고 동영상
오늘부터 완전히 다른 인생을 살려면 결심해야 하는 단 한 가지
https://youtu.be/5J7BOvx40P8

03

Network은 프레임워크
FrameWork

이전과 다르게 세상을 바라보도록 만드는
패러다임

Network은 평범한 사업으로 보일 수도 있다. 그러나 누가 어떤 관점으로 바라보는지에 따라 저마다 다르게 구축할 수 있는 색다른 사업이기도 하다. 똑같은 현상을 보면서도 누군가는 전혀 다른 생각이나 아이디어를 잉태하는 사람이 있는가 하면, 늘 익숙하게 보던 방식으로 바라보며 타성과 통념에 젖어 사는 사람도 있다.

사람을 만나는 방법, 사람을 만나 설득하고 영향력을 주고받는 방식은 물론 세상의 변화를 주시하고 통찰하며 내 일의 변화와 혁신을 추구하는 방식만 바꿔도 전혀 다른 생각과 행동의 차이를 가져올 수 있다. 근면하고 성실하게 노력하는 일은 어떤 일을 하든지 기본적으로 갖추어야 할 일이다. 그러나 열심히 노력한다고 누구나 일정한 경지에 오르는 건 아니다. 똑같은 노력을 해도 누군가는 전혀 다른 생각과 행동으로 타의 추종을 불허하는 성취감을 맛본다. 핵심은 다르게 바라보고 다르게 행동하려는 노력과 시도다.

Network은 단순히 제품과 서비스를 파는 사업이 아니다. 제품과 서비스를 통해 전달하고 싶은 철학과 신념을 전하고 나아가 건강과 행복한 에너지를 전파하는 사업이다. 그리고 혼자서 할 수 없는 일을 함께 협력함으로써 상상을 초월하는 무한한 가능성을 열어가는 사업이기도 하다.

우리가 Network을 바라보는 관점을 바꾸면 Network을 통해 이루어지는 모든 성장과 성공도 크게 달라질 것이다. 내가 하는 업의 본질을 끊임없이 재정의하고 규명하는 노력이 중요하다. 즉, Network을 이전과 다른 프레임워크(FrameWork)로 재무장하는 일이 필요하다. 프레임워크는 과거와 다른 낯선 자극을 끊임없이 받으면서 고정관념과 타성이 깨질 때 새롭게 만들어지는 일종의 패러다임이다.

사업가의 몸에
이식해야 할 새 패러다임

사업자나 직장인은 자기 일을 사랑하지 않는다. 어쩔 수 없이 밥 먹고 살기 위해 노동을 한다고 생각한다. 이들은 주로 외재적 보상에 따라 움직이며 성과를 극대화해 남에게 보여주기 위한 성공을 추구하는 사람들이다. 이들에게 직장은 어쩔 수 없이 강제적으로 일하는 노동의 현장이다. 만약 여러분이 정말 비범한 사업가가 되고자 한다면, 그리고 아직도 이런 타성에 젖어 있다면 생각의 패러다임을 바꾸어야 한다.

비범한 사업가나 장인(匠人)은 자기 일을 너무 사랑하는 사람이다. 자기 일을 재미있게 하기 위해서 어제와 다른 질문을 던져 끊임없이 탐색하고 즐기며 논다. 이들에게 일터는 놀이터다. 사업가는 자신의 재능을 발굴해 강점을 보다 강화시키는 즐거운 학습활동을 지속적으로 전개한다. 그리고 사업가는 그 누구도 시비 걸지 않는 이야기를 계속 던지고 질문함으로써 새로운 가능성을 탐색하는 데 주력한다.

또한 사업가는 그 누구도 밟아보지 않는 새로운 사업 세계에 관심이 많아 늘 새 사업 기회와 방향을 탐색하는 데 전력투구한다. 사업가는 어제와 나와 다른 나로 변신하기 위해 한 번도 되어본 적이 없는 자아를 재창조하는 자기 배려에 몰두하기도 한다. 그리고 사업가는 시행착오를 경험하면서 판단착오를 줄일 수 있는 전략적 의지를 다지는 데에도 집중 투자한다.

마지막으로 사업가는 우발적 사건과의 마주침을 통해 낯선 깨우침을 얻는 사업적 통찰력을 중시한다. 위에서 소개한 각오와 실천이 사업가의 생각과 몸에 이식해야 할 새 패러다임이다.

참고 동영상
프레임: 나를 바꾸는 심리학의 지혜
https://youtu.be/40rgKgtXv7o

Network은 그라운드워크
GroundWork

성공을 넘어
성장과 성숙을 위한 준비 작업

Network은 내 인생의 성장을 위한 가장 중요하면서도 필요한 기반과 정초(定礎)를 만드는 작업이다. 뿐만 아니라 Network은 성공을 넘어 성숙을 지향하는 밑거름을 만드는 작업이기도 하다. 집의 기초는 정초, 즉 주춧돌을 마련하는 일부터 시작된다. 따라서 우리는 어떤 주춧돌을 만들어 어떤 집을 지으려고 하는지 고민해볼 필요가 있다.

고목은 흔들리지 않지만 거목은 흔들린다. 아무리 튼튼한 주춧돌을 놓아도 집은 흔들릴 수 있다. 하지만 인생을 살면서 내가 흔들릴 때마다 중심을 잡고 버팀목이 되어줄 일생일대의 사업이 Network이라면,

여러분은 그 Network 사업을 위해 비장한 각오와 다짐, 그리고 꿈과 비전을 그리고 있는가? 단순히 상품과 서비스를 판매하는 세일즈맨이라는 생각에서 벗어나야 한다. 그런 사람은 세상에 차고 넘친다. 세일즈맨을 넘어 나와 우리 모두를 건강하고 행복한 삶으로 만드는 Network 사업가로서 내가 궁극적으로 꿈꾸는 꿈의 목적지가 어디인지도 함께 고민해야 한다.

단순히 경제적 부를 축적하여 재력을 과시하는 부자가 되기보다 나의 심장을 뛰게 만드는 꿈과 비전을 설정한 후, 그 길로 달려가는 심장 뛰는 삶이 그라운드워크(GroundWork)다. 그런 인생이 그라운드워크가 존재하는 삶이다. 사람을 매개로 사람을 변화시키는 일을 재미있고 신나게 하다 보면 내가 원하는 목표가 어느 순간 달성된다. 그런데 살아가는 재미와 의미는 목표를 달성하는 순간에 느껴지지 않는다. 목표와 꿈을 달성하는 과정에서 벌어지는, 힘들고 어렵지만 함께 이겨나가며 난국을 돌파하는 순간 희열과 깨달음이 느껴진다.

나와 다른 사람과 연결될 때 나는 어제의 나와 전혀 다른 나로 거듭난다. 그래서 새로운 사람 만나는 일이 늘 설레고 흥분되는 것이다. 똑같은 사람을 만나 매번 같은 이야기를 해봤자, 색다른 재미를 느끼기란 쉽지 않다. 새로움은 새로운 사람을 만나 전혀 다른 이야기를 들으며 상호작용할 때 느껴지는 감정이다. 그런 면에서 Network은 매일매일 새로운 만남, 기적을 경험하는 경이로운 그라운드워크다.

성숙한 사업가는
배려와 이타심을 갖춰야 한다

꽃을 선물할 때 장미꽃과 안개꽃을 함께 사는 경우가 많다. 장미꽃은 화려하고 안개꽃을 수수하다. 장미꽃만 사면 더 화려하고 아름다울 수 있지만 안개꽃을 같이 사는 이유는 무엇일까? 안개꽃을 배경으로 삼아 그 위에 장미꽃을 꽂으면 장미꽃이 더욱 돋보이기 때문이다. 전경으로 드러난 장미꽃이 더 아름다워 보이는 이유는 자신이 지닌 화려함 때문이 아니다. 안개꽃이 기꺼이 배경이 되어준 덕분(德分)이다. 안개꽃이 자신의 덕(德)을 장미꽃에 나눠주는(分) 미덕을 덕분이라고 한다. 안개꽃이 자신의 덕을 장미꽃에 나눠주는 과정이나 결과를 드러내며 자랑하지 않는다. 안개꽃 덕택(德澤)에 장미꽃이 세상 사람의 주목을 받는 사실을 장미꽃이 알고 안개꽃에 고마워할 때 전경과 배경이 어우러져 완벽한 아름다움이 만들어진다. 덕택(德澤)도 덕(德)이 넘치는 연못(澤)이라는 의미다.

안개꽃의 덕이 넘치는 연못에 장미꽃이 주인공으로 두드러진 것이다. 안개꽃 없는 장미꽃만의 화려함보다 안개꽃 배경 위에 핀 장미꽃이 한결 더 매력 있다. 배경 없는 전경보다 배경 있는 전경이 더욱 빛나기 때문이다. 안개꽃 배경 덕분에 더욱 빛나는 장미꽃은 교만하지 않고 자신을 위해 기꺼이 배경이 되어준 안개꽃에 고마움을 잊지 않는 미덕을 지녀야 한다. 그래야 장미꽃이 더욱 빛난다.

> "사랑의 가장 확실한 방법은 함께 걸어가는 것입니다.
> 장미가 아니라 함께 핀 안개꽃입니다."

신영복의《처음처럼》[6]에 나오는 말이다. 장미꽃의 화려함에서 사랑을 확인하기보다 화려한 장미꽃을 위해 기꺼이 배경이 되어주는 안개꽃에서 사랑의 본질이 드러난다. 사랑은 내가 가진 것을 다 넘겨주고 상대가 더 잘 되는 모습을 지켜보는 흐뭇한 마음이다. 장미꽃이 사람들로부터 주목받는 기쁨이 곧 안개꽃의 기쁨이요, 사랑이다. 사랑하면 혁명이 시작된다. 불가능한 일도 가능한 것으로 바뀌는 운명이 사랑하는 순간 피어나기 시작한다. 사업가라면 이 같은 배려와 희생이 있어야 한다.

세상에서 가장 멋진 갑부(甲富)는 기부(寄附)하는 사람이다. 덕분에 얻은 자신의 전문성을 남을 위해 기꺼이 사용하는 재능기부자가 진정한 사업가다. 학사와 석사, 그리고 박사보다 더 높은 학위가 있다.

---

6 《처음처럼》신영복. 돌베개(2016)

매사에 감사하며 덕분에 힘입은 은혜를 되돌려 갚기 위해 헌신적으로 자신의 시간과 노력을 투자하는 '봉사'다. 사업자나 사업가는 모두 성공을 꿈꾸지만 그 꿈에 이르는 자세와 태도, 그리고 접근법은 확연히 다르다. 특히 사업가는 세상이 지금보다 더 나아져야 한다는 이상을 현실에서 이루고자 쉼 없이 행동하는 실천가다. 비록 작은 발걸음일지라도 자신의 이 같은 사업 철학으로 세상을 이롭게 만들기 위해 매일 열심히 반복한다. 성공하는 사람은 허공을 쳐다보고 비현실적인 꿈을 꾸며 일확천금을 노리지 않는다.

사업가에게 성공은 외부 사람들이 나름대로 판단하는 외형적 판단 기준일 뿐, 자신이 생각하는 진정한 성공이 아니라고 생각한다. 사업가가 꿈꾸는 세상은 지속적인 성장과 발전을 통해 나를 둘러싼 공동체 구성원이 조금이라도 다른 사람의 아픔을 사랑하고 공감하는 연대망이 만들어지는 세상이다. 사업가가 이루고 싶은 성공은 타인에게 보여주기 위한 가시적 결과가 아니다. 자신의 존재 이유와 가치가 가장 아름답게 빛나기를 바라며, 더불어 살아가는 공동체의 운명을 사랑하는 사람이다.

참고 동영상
인생을 바꾸고 싶다면 만나는 사람을 바꿔라!
https://youtu.be/EY_2JsU3Uv8

Network은 팀워크
TeamWork

더불어 즐겁게 살며 행복해지는 협업(協業)

Network은 혼자서 일하며 추진하는 외로운 사업이 아니다. 다른 사람과 협력하면서 시너지를 만들어가는 사업이다. 나의 성공은 나 혼자만의 노력만으로는 쉽게, 절대로 이루어지지 않는다. 반드시 다른 사람이 성공해야 나도 덩달아 성공하는 게 Network이다.

사람은 사람을 만나 살아갈 때 사람으로 거듭날 수 있다. 사람과 사람 사이에 존재하는 사람이 인간(人間)이다. 인간은 다른 사람과 함께 성공하기 위해서 태어난 사람이다. Network은 혼자 피는 장미꽃이 아니라 함께 피는 안개꽃이자 집단으로 같이 피는 개나리꽃이다. '너'의 개성이 모자이크처럼 모여 '우리'의 아름다움이 피어난다. Network은 시작과 끝도 팀워크다. 팀워크는 혼자 힘으로 도저히 해낼 수 없는 불가능한 한계에 도전하는 원동력이 된다. 그리고 팀워크는 서로의 강점 공유하면서 혼자서는 절대 해낼 수 없는 단점을 극복하고 모두가 행복해지는 비결이기도 하다. 튼튼한 신뢰를 바탕으로 끈끈한 인간관계를 확산하는 길을 영어로 Network라고 부른다.

> "함께 하는 것은 시작이고, 함께 하는 것은 발전이며,
> 함께 일하는 것은 성공이다."
> Coming together is a beginning, Keeping together is progress,
> Working together is success.
> - 헨리 포드(Henry Ford)

또한 팀워크는 나 혼자 해내기에는 역부족이지만 힘을 합치면 공동 생존이 가능한 상생의 미덕이다. 팀워크는 비록 나의 힘이 보잘것 없어도 함께 힘을 모으면 기대 이상의 성취를 이루어내는 마법의 파트너십이 된다. 팀워크란 함께 손을 내밀어 마음의 연대망을 구축하여 아름다운 심리 공동체를 구축하는 협업이며, 팀워크는 비록 다른 방향과 각도에서 출발하면서 모순과 갈등을 경험할 때도 있지만 결과적으로 하나의 목표를 향해 매진하는 열정 공동체의 기초가 된다. 팀워크란 서로 조금씩 힘을 합쳐 모두가 승리의 즐거움과 보람을 만끽할 수 있는 십시일반(十匙一飯)의 정신이기도 하다. 그리고 팀워크는

내가 먼저 '남'에게 손을 내밀어 멀리 느껴지던 '남'을 소중한 '님'으로 바꾸는 마법의 미덕이다. 끝으로 팀워크는 공동의 목표를 향해 서로가 서로에게 없어선 안 되는 상호 의존의 상생 협력의 길이다.

협업에서도
실행이 빛을 발한다

　　　　　　　한편 Network 사업은 함께 모여 정보를 나누고 소통하는 협업을 바탕으로 한다. 그런데 협업을 하기만 하면 일이 모두 잘 풀리고 성공할 수 있을까? 절대 그렇지 않다. 우리가 협업으로 성과를 내고 싶다면 기존과 색다른 방법, 아이디어로 승부해야 한다. 관련 사례를 하나 소개한다.

　　미국의 작가, 톰 워젝(Tom Wujec)이 개발한 마시멜로 챌린지(Marshmallow Challenge)라는 게임이 있다. 톰 워젝은 유치원생, 건축학도와 공학도팀, 기업 CEO와 수행비서팀, 변호사, 경영대학원 학생 등으로 그룹을 나눠 각 팀에게 스파게티면 20개, 테이프와 실(각 1미터), 마시멜로 1개를 나눠준 후 가장 높게 탑을 쌓는 게임을 여러 번 수행했다. 이 게임은 4명이 한 팀이 되어 활발한 토론과 팀워크를 통해 가장 높은 스파게티 탑을 쌓은 후 꼭대기에 마시멜로를 꽂는 쪽이 이기는 게임이다. 게임 결과 건축학도와 공학도 팀이 1위, 유치원생 팀이 2위를 했다. 건축학도와 공학도 팀이 게임에서 1등을 차지한 사실은 놀라운 일이 아니다. 여러분도 눈치챘겠지만 더 놀라운 일은 어린 유치원생 팀이 2위를 차지한 결과다. 그리고 게임의 꼴찌는 경영대학원 팀의 몫이었다. 왜 똑똑한 경영대학원 팀이 유치원생 팀보다 못한 결과를 낸 걸까? 이를 달리 질문하면 유치원생 팀은 어떻게 경영대학 팀보다 탁월한 결과를 만들어낸 걸까?

톰 워젝의 설명에 따르면, 경영대학원 팀과 유치원생 팀은 게임에 임하는 자세나 접근논리가 출발부터 달랐다고 한다. 경영대학원 팀은 평소 학교에서 배운 대로 게임을 시작하자마자 가장 높은 탑을 쌓는 데 필요한 다양한 방안을 숙고하고 검토하는 데 시간을 보냈다. '한 가지 완벽한 방법(Singe Right Plan)'을 찾는 데 많은 시간을 소비한 것이다. 그러나 오랜 시간 자신들의 열띤 토론 끝에 찾아낸 방법으로 탑을 쌓으면서 탑 꼭대기에 마시멜로를 올려놓는 순간 그간의 노력이 물거품으로 돌아가는 대실패를 겪는다. 그리고 새로운 대안을 허겁지겁 찾아 시도하지만 앞서 완벽한 대안을 찾는 데 많은 시간을 허비했기 때문에 결국 저조한 높이로 탑을 쌓는 데 만족해야 했다.

경영대학원 팀이 오랜 회의 끝에 완벽한 대안이라고 선택한 방법보다 유치원생 팀이 선택한 신속한 프로토타이핑(Rapid Prototyping) 방식이 이 게임에서는 한결 더 유리했다. 게임 과정을 좀 더 소개하자면, 경영대학원 팀이 18분 동안 한두 번 정도 마시멜로를 탑 끝에 올려놓는 시도를 했던 것에 반해 유치원생 팀은 18분 동안 다섯 번 정도 탑 위에 마시멜로를 올려놓았다고 한다. 완벽한 대안을 찾기 위해 완벽하게 준비하고 계획을 세운 후 실행한 경영대학원 팀보다 시행착오를 통해 판단 착오를 줄여나가는 방법을 선택한 유치원생 팀이 더 현명했다.

우리가 팀을 만들어 협업할 때에도 게임에서 꼴찌를 한 경영대학원 팀과 같은 일들을 하는 건 아닌지 살펴볼 필요가 있다. 사실 팀을 이루어 협업할 때에 우리는 왠지 거창하고 완벽한 계획을 세워 이를 추구해야 한다는 함정에 빠지기 쉽다. 그러나 실행적인 측면에서 보자면, 일단 프로젝트를 고민하기보다는 어느 정도 아웃라인이 나왔다면 몸으로 실천해보는 행동이 더 중요하다. 일단 시작하고 상황에 맞춰 수정하는 경험주의자(유치원생 팀이 그런 것처럼)가 게임에서 이길 수 있다는 교훈이다.

"아마추어가 영감을 기다릴 때 프로는 작업한다."

사실주의 화가 척 클로스(Chuck Close)의 말이다. 영감은 뭔가 골똘히 생각한다고 떠오르지 않는다. 마감 시간에 쫓겨 여러 가지 시도를 거듭하는 와중에 갑자기 다가오는 것이 영감에 더 가깝다. 영감이나 통찰은 앉아서 검토할 때 나오지 않는다. 급박한 위기나 긴장감이 감도는 딜레마 상황에서 기존 자원을 총동원해 다각적인 시도 및 모색을 할 때 선물처럼 나타난다. 우리가 협업할 때 참고할 만한 이야기가 하나 더 있다. 〈초보자에게 주는 조언〉이라는 엘렌 코트의 시 마지막 구절이다.

"완벽주의자가 되려 하지 말고, 경험주의자가 돼라."

완벽주의라는 발상은 때때로 협업을 망치는 적이 된다. 초기에 떠오르는 아이디어의 실행 가능성이나 현실 적합성을 판단해 일단 행동으로 옮기고, 상황에 맞게 수정하는 방안이 더욱 현실적인 방법이다.

세상에는 자기 혼자 잘나 이룬 성취 결과는 없다. 모든 성취 결과에는 말할 수 없을 정도로 수많은 인연이 보이지 않는 가운데 서로에게 선한 영향력을 줌으로써 탄생한다. '복잡성 보존의 법칙'이란 게 있다. 내가 누리는 편리함과 단순함은 나 대신 누군가가 보이지 않는 가운데 불편하고 복잡한 일을 해준 덕분이라는 의미다. 예컨대 우리가 마트에서 카트를 끌고 다니며 쇼핑을 한 후 귀가할 때, 주차장이나 적당한 장소에 버리듯 아무 데나 카트를 두고 간다. 다시 쇼핑하러 오면 누군가 곳곳에 흩어져 있던 카트를 입구에 질서정연하게 정렬해놓는다. 내가 지금 이렇게 편리하게 카트를 끌고 쇼핑할 수 있는 이유도 내가 모르는 사이에 누군가가 여기저기 흩어진 카트를 끌어다 입구에 질서정연하게 정렬한 덕분이다. 이 세상에 나타난 모든 성취는 '덕분'에 이루어진 사회적 합작품이다.

참고 동영상
'일잘러'들은 다 아는 팀워크 7가지 기본 공식
https://youtu.be/ZlhqPXPvjWM

Network은 홈워크
HomeWork

살아있는 동안 매일 반복해야 할 과업(課業)

Network은 하기 싫은 데 억지로 해야 하는 숙제가 아니다. 오히려 Network은 밥을 먹듯이 매일매일 작은 실천을 진지하게 반복하는 일상의 즐거운 축제다. 숙제하는 삶은 피곤하고 지루하며 불행한 인생이다. 그러나 축제를 기획하고 실행하며 즐겁게 살아가는 인생은 언제나 행복하다. 또한 어제와 다른 놀이를 통해 새로운 가능성을 찾아내려고 노력한다.

숙제하는 사람의 일은 노동이지만 축제하는 사람의 일은 놀이다. 노동은 수단을 통해 목적을 달성하고자 노력하는 일이지만, 놀이는 수단과 목적이 구분되지 않은 채 어제와 다른 방법으로 재미있게 즐기는 모든 활동을 말한다.

Network이 홈워크(HomeWork)인 이유는 주어진 일을 매일매일 반복하는 숙제로 여기지 않고, 그 과제를 통해 어제와 다른 깨달음을 얻어 한 단계 도약하는 기반을 마련하기 때문이다. Network은 밥 먹듯이 매일 공부해야 하는 일이다. 그렇게 하지 않으면 어렵게 쌓은 튼실한 인간관계도 모래성처럼 하루아침에 무너질 수 있다.

비록 해야 하는 숙제지만 축제처럼 즐기며 어제와 다른 나로 변신하기 위해 부단히 공부하는 사람은 비록 몸이 늙어가더라도 생각은 낡아빠지지 않은 채 젊음을 유지할 수 있다. 몸이 늙어가는 건 어쩔 수 없는 일이다. 그러나 생각이 낡아빠지는 건 얼마든지 공부를 통해 방지하거나 늦출 수 있다. Network은 어느 날 갑자기 급신장하여 기적이 일어나는 사업이 아니다. 매일매일 내가 축적한 흔적이 목적을 만나 기적이 일어나는 사업이다.

일생의 과업을
대하는 자세

비범한 사업가는 늘 머릿속에 원대한 목표와 지난(至難)한 과제(문제)를 끌어안고 있다. 그래서 밤잠을 설치기도 한다. Network 사업이 일생의 과업이라면 불타는 도전의식과 끊이지 않는 호기심이 샘솟게 마련이다. 이런 뜻을 품은 장인이나 사업가에게 몰입을 방해하는 제도, 문화, 시스템은 장애가 되지 않는다.

그러나 평범한 직장인이나 사업자에게는 이런 방해물이 몰입을 저지하는 심각한 장애가 된다. 거룩한 불만족과 불타는 도전의식으로 무장한 장인이나 사업가에게는 현실적인 장벽을 돌파하고 절치부심하며 호시탐탐 기회를 노리는 과정이 만만하지 않다. 그들은 비록 근심과 걱정, 불안과 초조, 압박과 부담, 긴장과 분노가 치밀어도 집중과 몰입, 열정과 끈기로 위대한 성취감을 맛보기 위해 참을 수 없는 뿌듯함, 솟아오르는 지적 희열, 다시 타오르는 도전의식에 휘말려 주먹을 불끈 쥐고 입술을 깨물며 미지의 세계로 자신의 몸을 던진다. 그것이 일생의 과업을 대하는 결연한 자세다.

피와 눈물과 땀으로 얼룩지는 삶이 당분간 유지되어도 비범한 사업가는 신성한 도전, 깨닫는 성장체험, 경이로운 감동으로 젖어 드는 재미와 몰입, 심장 뛰는 의미와 가치, 내일을 설레게 만드는 목적의식을 갖고 온몸을 던져 과업을 성취하는 데 전력투구한다.

참고 동영상
루틴을 가진 자, 사이를 지배하는 사람은 어떻게 행동하는가?
https://youtu.be/quNSu58jmis

Network은 필드워크
FieldWork

발로 뛰면서 사람을 만나는 실전(實戰)

Network은 한 번 구축하면 영원히 지속되는 정태적 명사가 아니다. Network은 일일신우일, 매일매일 어제와 다른 노력으로 사람을 만나는 일을 꾸준히 반복해야 하는 역동적인 동사다. 사람은 인간적 접촉을 통해 새로운 가능성의 문을 열어가는 존재다.

아무리 디지털 시대가 일상화되었다고 해도 인간적 만남의 장은 오프라인에서 강력한 신뢰를 구축하는 기반이 확립되지 않으면 참을 수 없는 접속의 가벼움만 느낄 뿐이다. 물론 온라인 접속으로 이미 구축된 인간적 만남의 끈을 이어가는 효율적인 방법을 효과적으로 사용, 강구할 수도 있다. 온라인 접속으로 직접 만나 해결할 수 없는 다양한 일을 처리할 수 있다. 하지만 사람들이 직접 만나 공감하며 확신에 찬 진정성을 느낄 때 더욱 강력한 Network이 구축된다.

Network을 구축하는 일은 사람이 거주하는 현장으로 나가야만 사람 살아가는 구체적인 현실을 만날 수 있고, 그 현실 속에서 사람이 품고 있는 진실을 알아낼 수 있다. 설령 남의 도움으로 쉽게 연결된 인맥도 내가 지속해서 정성을 다해 관리하지 않으면, 인연의 끈은 쉽게 끊어진다. 사람관계에 투자한 땀과 정성과 비례하여 인연의 강도가 더욱 깊어지게 마련이다. 책상에 앉아 이리저리, 요리조리 생각하는 잔머리가 아닌 진지한 실천을 우직하게 반복하는 발걸음이 삶을 바꾸는 인간관계의 밑거름으로 작용한다. 따라서 Network은 철저하게 현장(Field)에서 일어나는 일(work)이다. 현장이 '답'이고 현장이 미래를 열어가는 가능성의 보고(寶庫)다.

책상이 아닌
현장에서의 목적 달성이
만족감을 준다

평범한 사업자는 책상에 앉아 성과 내기로 성취를 느끼지만, 비범한 사업가는 현장에서 진지한 실천을 반복하며 성취감을 느낀다. 성과는 가시적이고 물리적인 결과다. 단기 목표를 달성하면 주어지는 결과가 성과다. 성과를 달성했다고 보람을 느끼거나 의미심장한 성취감을 느끼지는 않는다. 다만 의도했던 목표를 달성했다는 안도감과 함께 또 다른 목표를 달성하기 위한 기반을 다졌다는 만족감만 줄 뿐이다. 그래서 목표 달성은 주로 외재적 동기부여 수단으로 움직인다. 급여 인상, 인센티브 지급, 기타 물질적 보상 시스템으로 목표 달성 과정을 앞당길 수 있다. 따라서 성과는 가시적인 달성 지표를 계량화해 측정 가능하고 객관적으로 평가할 수 있다. 성과를 달성했다는 의미는 목표를 달성해 일정 수준의 결과를 얻었다는 의미다. 사업자는 주로 단기 목표에 목숨을 건다. 목표를 달성하고자 수단과 방법을 가리지 않는다. 목표를 달성하면 잠시 만족감에 도취될 뿐, 또 다른 목표를 만들어내기에 몰두한다. 진정한 삶의 의미를 느낄 겨를이 없다.

반면에 목표가 아닌 목적을 중시하는 사업가는 현장에서 매우 오랜 기간에 걸쳐 꾸준히 노력한다. 목적은 목표보다 더욱 숭고한 가치이며, 책상이 아닌 현장에서 발로 뛸 때 이룰 수 있는 일이기도 하다. 목표를 이루어 도취되면 현실에 안주해 사장될 수 있다. 그러나 현장에서 성취한 목적은 지속적인 성장을 돕는 발판이 된다. 목표를 이룬 성과보다 목적을 달성한 성취야말로 차원이 다른 보람과 가치, 의미를 제공한다. 또한 목적은 비교적 장기간 지속적으로 노력하는 사람에게 심장을 뛰게 만들고 내재적 동기를 유발시키는 자극제가 된다. 현장에서 목적을 추구하는 사업가는 책상에서 목표 달성에 주력하는 사업자와 달리 시시각각 변하는 세상 흐름에 일희일비하지 않는다. 우직하게 현장에서 목적을 이루고자 자신의 길을 걸어간다. 사업가는 지금 당장 해야 하는 일보다 지금 하지 않으면 나중에 심각한 문제나 위기로 등장하는 소중한 일에 더 몰두한다.

참고 동영상
뭔가 다른 사람은 뭐가 다른가요?
https://youtu.be/nsyG9KOyKYk

PART II

내 인생의 무지개를 띄우는
Network 사업가의 7단계 성공 모델

**Network 사업가의
7단계 성공 모델**

01
Nurturing
Physical Energy
· 사업가의 원동력 ·
몸이 부실하면
인생도 부도가 난다

02
Encourage
your own Color
· 사업가의 경쟁력 ·
남보다 잘하지 말고
전보다 잘해라

03
Taking
different Question
· 사업가의 질문력 ·
질문을 바꾸면
낯선 관문이 열린다

04
Working
with Method
· 사업가의 추진력 ·
생각만 해본 사람은
당해본 사람을 못 당한다

05
Open
your Imagination
· 사업가의 상상력 ·
정상(頂上)에 오른 사람은
정상(正常)이 아니다

06
Reverse
in Thinking
· 사업가의 돌파력 ·
역경을 뒤집으면
경력이 된다

07
Keep
in Persuasion
· 사업가의 설득력 ·
설명하면 머리를 끄덕이지만
설득하면 행동한다

세상은 한계에 도전하면서 어제와 다른 가능성의 문을 열어가는 리더가 이끌어간다. 생각대로 안 될 땐 좌절하거나 안 되는 이유를 찾지 않고, 어제와 다른 방법으로 끊임없이 시도하면서 자기만의 고유한 방법을 개발, 그 누구도 걸어가지 않은 미지의 세계를 개척하는 사람이 진정한 사업가다. 남들이 불가능하다고 생각하는 한계를 깨고 새로운 기회의 텃밭으로 생각, 과감하게 도전하며 세상의 변화를 주도하는 사람이 진정한 리더로 거듭난다. 주변의 추천으로 우연히 알게 된 유영만 교수의 책과 강연은 말로 표현할 수 없는 독특한 매력을 지니고 있음을 직감적으로 깨달았다. 낯선 분야임에도 불구하고 네트워크 마케팅의 본질과 핵심을 정확히 이해하고 있음에 놀라기도 했다. 특히 사업자와 사업가를 구분하는 내용은 사업을 직접 해본 경험이 있나? 착각할 정도로 전율감을 주었다.

지성인이면서도 한계에 도전하며 몸으로 깨달은 통찰과 각성을 자기만의 언어로 표현하는 특별한 메시지라 더욱 감동적으로 와 닿았다. 평범한 사업자에서 비범한 사업가로 변신하고 싶은 모든 사람들에게 일독을 권하며, 항상 곁에 두고 지침으로 삼아야 할 책이다.

박미주 대표 _ 유니시티 메가월드

무지개를 보고 싶다면 비가 오는 슬픔이나 아픔을 견뎌야 한다. 견딤의 크기가 쓰임의 크기라고 말한 정호승 시인의 시 구절처럼 작은 흔적이 목적을 만나 축적되면 예상치 못한 기적이 벌어진다. 기적은 어느 날 갑자기 일어나는 것처럼 보이지만, 사실 어느 날 갑자기 일어나는 기적은 세상에 없다. 보이지 않는 가운데 묵묵히 작은 실천을 진지하게 반복하는 사람의 앞에만 때가 익어 경이로운 기적이 나타난다.

지켜보는 사람에게 기적은 어느 날 갑자기 나타난 것처럼 보인다. 그러나 기적이라는 선물은 누구에게나 쉽게 주어지지 않는다. 꾸준한 노력을 하루도 포기하거나 미루지 않고 지루한 반복을 이어간 사람에게 주어지는 것이 기적이다.

Network 사업은 다른 사업보다 좋은 사람을 만나 덩달아 좋은 사람으로 변신하는 사람을 사랑하는 사업이다. 내가 먼저 좋은 사람이 되지 않고서는 좋은 사람을 만날 수 없다! Network 사업의 매력이자 마력은 내가 먼저 좋은 사람이 되고자 노력하는 가운데 좋은 사람을 만나는 흔적이 축적되는 여정에서 기적이 벌어지는 사업이다. 바로 이런 점이 매력이다. 좋은 사람이 좋은 사람을 만나 성공하는 삶, 성공을 거두기 위한 사업이 되려면 다음과 같은 7단계 비즈니스 모델을 따라갈 필요가 있다.

지금부터 제시하는 7단계 모델은 처음부터 끝까지 차례대로 따라가는 선형적인 순서가 아니다. 시작과 끝이 동시에 진행되는 비선형적인 논리다.

Network 사업의 성공 모델은 그간 수만 명의 대중과 만나 소통하며 느낀 이야기들을 Network 단어 머리글자를 본떠 개발하여 소개함을 밝힌다.

사업가의 원동력
Nurturing Physical Energy

몸이 부실하면 인생도 부도가 난다

NETWORK의

N

= Nurturing Physical Energy

사업가는 신체 에너지를 지속해서 개발하고 충전해야 한다. 신체 에너지는 사업가의 원동력이다. 체력이 실력이고 근력이 매력이니까 그렇다. 체력은 실행력에서 나온다. 실행력이 곧 실력인데, 체력이 부실하면 실행이 어렵다. 아무리 뛰어난 생각, 기발한 아이디어일지라도 이를 실행할 체력이 뒷받침되지 않으면 무용지물이다. 결국 체력을 기르고 닦아 연마하는 노력이 사업가가 롱런하기 위해 가장 중점을 두고 실천해야 할 일이 된다. 몸이 부실하면 인생도 부도가 난다! 사업가의 과감한 추진력과 장기전에 승부수를 던져 집요하게 파고드는 지구력으로 성취감을 맛보려면 강한 체력을 확보해야 한다. 기억하자. 체력이 곧 사업가의 원동력이라는 사실을 말이다. 사업가는 하루아침에 갑자기 성공하는 사람이 아니다.

몸은
마음이 거주하는 우주다

　　　　　　　2012년도에 사하라사막 마라톤에 도전한 적이 있다. 도전은 내 능력의 한계를 알려주기도 하지만 능력의 심화와 확장 가능성을 알려주는 성장 발판이기도 하다. 도전은 내가 살아가는 이유이자 어제와 다르게 살아가기 위해 발버둥치는 버팀목이기도 하다. 미지의 세계로 향하는 호기심의 발로이자 나를 살아있게 만드는 원동력이며, 능력을 확장하고 심화시키는 내 삶의 '카니발', 그것이 바로 나에게는 도전이다.

　사하라사막 마라톤 도전은 6박 7일 동안 250킬로미터를 완주해야 하는 극한 마라톤이었다. 나는 사막 마라톤에 도전하기 위해 풀코스 마라톤도 여러 번 뛰어보고 일요일이면 분당에 위치한 집에서 한양대

2012년 사하라사막 횡단 도전

학교까지 왕복 56킬로미터를, 그것도 10킬로그램 무게의 배낭을 짊어지고 걷고 뛰었다. 뿐만 아니라 아파트 34층까지 까치발로 오르내리면서 몸을 만드는 등 만반의 준비를 했다. 그리고 어느 정도 체력에 자신이 있다고 생각했다.

　그렇게 나름의 준비를 마치고 호기롭게 사하라로 떠났다. 본래 풀코스 마라톤도 여러 번 뛰어본 경험을 미천 삼아 겁 없이 도전장을 내밀게 된 것이다. 모래 위를 뛰는 사하라 마라톤! 첫 날과 이튿날은 그럭저럭 견딜 만했다. 그러나 대회 3일째가 되자 상황이 변했다. 사하라사막 마라톤 120킬로미터 지점, 모래 언덕을 오르다 탈진이 찾아왔다. 몸이 더 이상 말을 듣지 않는 상태가 되었고, 레이스를 완주하지 못한 채 중도에서 포기했다. 체력의 한계를 정신력으로 극복하려고 사력을 다해봤지만 몸이 말을 안 들으니 어쩔 수 없었다. 그동안 투자한 시간과 돈이 아까운 것은 물론, 중도에 포기할 수밖에 없는 나의 신체적 상태가 한탄스러웠고 후회가 막심했다. 몸이 맛이 가니 정신이 아무리 몸에 명령을 내려도 몸은 말을 듣지 않았다.

나는 그 경험을 통해 이런 명언을 남겼다. "절대로 포기하지 마라는 말을 절대로 쓰지 마라." 한계는 책상에서 알 수 없고 오로지 한계에 몸으로 도전해본 사람만 알 수 있음을 몸으로 깨달은 소중한 체험이었다.

2014년에는 히말라야 안나푸르나 베이스캠프(4,130미터)에 도전, 경이로운 성취감을 맛보았다. 생각보다 높은 산은 아니었지만 안나푸르나 베이스캠프에 오르기 전, 마차푸차레 베이스캠프에서 정상 등반 전에 마지막 밤을 보내고 새벽 4시에 출발하는 일정이었다. 어둠이 짙게 깔리기 전에 서쪽 바위산으로 일몰 광경이 장관임을 순간적으로 감지한 다음 급한 나머지 스마트폰으로 사진을 찍었다. 그 일몰 장면을 찍은 다음 생각해낸 문구가 '모든 순간을 영원히 잊을 수 없는 추억으로 만들어라(Make Moment Memorable)'이다. 일명 3M(Make Moment Memorable)법칙이다.

모든 순간을 잊을 수 없는 추억으로 만들어라!(마차푸차레 베이스캠프에서 만난 안나푸르나의 일몰)

2015년에는 아프리카의 최고봉, 킬리만자로 정상에 등정하는 도전에 나섰다. 4,700미터 베이스캠프에서 밤 11시에 출발하는 만만치 않은 여정이었다. 밤 11시에 출발해야 약 8시간의 사투 끝에 정상에 오를 수 있다는 셰르파의 조언에 따라 우리는 지칠 대로 지친 몸을 이끌고 칠흑처럼 어둔 밤을 배경으로 등반을 시작했다. 그런데 출발할 때부터 나는 몸 상태가 좋지 않았다. 출발 후에는 오로지 앞사람 뒷발만 바라보며 한 걸음 한 걸음 힘겹게 어둠을 뚫고 정상을 향할 뿐이었다. 오르고 올랐다고 생각하지만 어둠은 가시지 않고 기온은 점차 낮아지면서 설상가상으로 가지고 간 물까지 떨어지는 진퇴양난의 위기가 찾아왔다.

이대로 계속 가다가는 생명의 위협까지 느낄 정도로 심각한 상황이 계속되었다. 그래서 몇몇 대원의 입에서는 더 이상 올라가는 게 무리라는 말도 흘러나왔다. 그런데 가만히 생각해보니 지금까지 걸어올라 온 길을 어둠을 뚫고 다시 내려가는 것도 올라가는 일 못지않게 위험천만하다는 판단을 내렸다. 당시 그 상황은 진퇴양난의 위기였다. 진퇴양난의 상황에서 아무런 결정을 내리지 못하고 차일피일 미루거나 우왕좌왕하기 때문에 심각한 사고가 난다. 진퇴양난에서도 어느한 쪽으로 가야 살 수 있다. 앞으로 못 가고 뒤로도 못 가는 상황에서는 옆으로도 갈 수 있다. 진퇴양난의 상황에서 고민을 거듭할수록 답은 나오지 않고 상황은 설상가상의 심각한 위기만 가중될 뿐이다. 결국 우리는 사력을 다해 앞으로 가기로 결정했다.

오랫동안 올라왔다고 생각했지만, 정상은 여전히 어둠에 가려 안보이고 절벽 같은 오르막만 지루하게 계속되었다. 생각보다 몇 곱절 험한, 체력적으로도 힘든 여정이었다. 몸의 상태가 좋지 않아 진퇴양난 위기에 직면했고, 그럼에도 불구하고 끈기 있게 무거운 발걸음을 옮겨놓는 데 급급했다. 극한의 신체적 상태로 전락하고 있음을 몸이 먼저 느꼈다. 하지만 그래도 아직 내 몸은 머리의 명령을 받아들일 만큼 중심은 잃지 않았다. 오랜 시간 나는 나의 몸과 사투를 벌였다. 그

2015년
킬리만자로 정상 등반

리고 마침내 킬리만자로 정상 등정에 성공했다. 뜨거운 감동과 전율
이 온몸에 전해졌다.

사하라사막 마라톤은 완주에 실패했고, 킬리만자로 등정은 성공했
다. 사하라사막 마라톤 도전 실패와 킬리만자로 등정 성공의 차이는
정신력의 차이가 아니라 체력의 차이였다! 체력이 고갈되면 정신력
은 무의미하다. 몸은 마음이 거주하는 집이다. 집이 사라지면 그 속에
서 거주하던 마음도 실종된다. 몸이 마음을 통제하는 것이지, 마음이
몸을 통제하지 못한다. 극한의 한계 상황에서는 더욱 더 정신이나 마
음이 몸을 통제하려고 발버둥을 쳐도 힘겨운 몸은 말을 안 듣는다. 몸

은 마음대로 움직이지 않고 제멋대로 움직인다. 정신무장 이전에 체력으로 무장해야만 정신력도 재충전된다.

체력이 실력이고,
근력이 매력이다

세상에는 두 가지 부류의 사람이 있다. 한 사람은 정신 나간 사람이고 다른 한 사람은 정신 차린 사람이다. 정신 나간 사람은 시련과 역경을 정신력으로 극복하려고 한다. 반면에 정신 차린 사람은 시련과 역경을 정신력이 아닌 체력으로 극복하려고 노력한다. 필자 역시 한때는 정신력으로 세상의 어려움을 극복하고자 안간힘을 썼다. 그렇게 하는 길이 정석이라고 생각했다. 정신만 바짝 차리면 어떤 어려움도 극복할 수 있다고 믿으며 살았다. 정신이 몸을 지배한다는 타인들의 생각, 쉽게 변하지 않는 통념을 철석같이 믿었다.

이성이 신체를 지배해온 서구철학의 역사를 니체는 처음으로 뒤집어 망치의 철학자가 되었다. 니체를 만나기 전까지는 나 역시 이성으로 몸이 욕망하는 세계를 지배하고 통제하며 조정한다고 믿었지만, 체험을 통해 생각이 바뀌었다. 그래서 나는 지금도 니체를 존경하고, 그를 넘어서고자 노력한다. 또 다른 철학자 스피노자의 경우 뒷골목에 버려진 몸을 처음으로 철학사의 전면으로 끌어들였다. 그는 몸이 욕망하는 감정이 인간의 본질이라고 주장했다. 감정은 거짓말하지 않는다. 그러나 감정이 머리로 올라가 생각이 시작되면서 거짓말이 만들어진다. 우리 가장 처음 느끼는 기분이나 감정은 이성이 아닌 몸이 보여주는 반응이다.

사업가는 단기전의 승부사가 아니라 장기전의 승부사다. 운이 따라 하루아침에 일확천금을 번 사람도 물론 있겠지만, 대부분의 사업가는 숱한 실패와 시행착오를 겪으면서 절치부심하다 어느 정도 궤도에 올라 이를 누리는 사람들이다. 비범한 사업가들이 주로 처리하는 일들은 밤낮 가리지 않고 중차대한 사안을 검토하고, 빠른 의사결정을 내려야 하는 사안들로 가득하다. 편안히 앉아 오랫동안 검토할 수 없는 급박한 사안들이 그들이 마주하는 일들 대부분이다. 그럴 때마다 체력이 뒷받침되지 않으면, 집중하고 몰입해서 사안을 검토한 후 신속하고 과감하게 의사결정하고 행동하지 않는다면, 실패할 가능성이 높다.

어떤 사업을 어떻게 할 것인지, 사업을 통해 꿈꾸는 궁극적인 비전이 무엇인지를 생각하기 전에 사업가는 몸부터 만들어야 한다. 몸을 바꾸기 전에는 꿈도 꾸지 말자. 꿈꾸기 전에 몸부터 바꿔야 하는 이유는, 사업은 머리로 하는 것이 아니라 몸으로 실천하는 일이기 때문이다. 물론 머리로 생각하는 좋은 아이디어도 사업을 이끌어갈 때 꼭 필요하다. 하지만 그 아이디어를 현실로 구현하는 주체는 몸, 신체이다. 몸이 없는 탁월한 성과는 절대 만들어질 수 없다.

신체성이 한 사람의 정체성이고
미래 가능성이다

몸은 과거와 현재, 그리고 미래가 공존하는 공간이다. 내 몸은 내가 어떤 삶을 살아왔는지를 고스란히 간직하고 있다. 지금의 내 몸은 과거에 내가 특정한 방식으로 살아온 삶을 보여주는 증표이기도 하다. 또 몸은 현재 내가 살아가는 삶을 그대로 반영한다. 사람의 몸은 그냥 육체나 신체가 아니라, 한 사람의 정체성을 담고 있는 우주다. 희로애락의 흔적과 얼룩을 담아내면서 오장육부가 조응하며 몸을 만들고 중심을 잡은 채 세상을 살아간다. 몸이 없는 정신, 정신이 없는 몸은 모두가 문제다. 특히 몸이 있어야 정신이 자리를 잡고 정신을 차릴 수 있다. 한 사람의 신체는 단순히 그냥 육체가 아니다. 신체는 그 사람이 몸과 정신이 합작해서 살아오고, 살아가며, 살아갈 주체를 대변한다. 나라는 주체는 곧 나의 신체로 드러난다. 한 사람의 신체를 보면 과거를 알 수 있고, 현재 어떻게 살아가는 지는 물론 미래의 가능성까지도 엿볼 수 있다. 신체성이 그 사람의 정체성을 넘어 미래 가능성을 보여주기 때문이다. 나를 바꾸려면 몸부터 바꿔야 하는 이유가 바로 여기에 있다.

꿈은 몸으로 꾸어야 한다. 책상에 앉아 머리를 굴리면서 꾸는 꿈은 몽상, 환상, 허상, 공상에 가깝다. 꿈을 밤에 꾸지 않고 깨어 있는 낮에 꿔야 하는 이유다. 두 눈 부릅뜨고 온몸으로 꿈을 꾸어야 그 꿈이 현실로 바뀐다. 꿈의 목적지로 나를 데려다 줄 주체는 마음이나 정신이 아니다. 바로 몸이다. 몸이 부실하면 아무리 좋은 꿈일지라도 내 몸에 그 꿈을 이식할 수 없다. 꿈을 꾸고 이를 실현하고 싶다면 가장 먼저 몸 만드는 일부터 해야 한다. 꿈의 목적지로 데려다주는 주체는 머리가 아니라 몸이라는 사실을 기억하자. 그리고 꿈을 꾸기 전, 몸부터 바꿔야 하는 이유를 깨닫자.

호시우보(虎視牛步)라는 사자성어가 있다. 호랑이처럼 앞을 내다보고(虎視), 소처럼 우직하게 걸어가라(牛步)는 의미다. 호시(虎視) 없는 우보(牛步)도 우보(牛步) 없는 호시(虎視)도 무용지물이다. 호랑이처럼 앞만 내다보고 꿈의 목적지로 걸어가지 않거나, 호랑이처럼 앞을 내다보지 않고 우직하게 소처럼 걸어가도 문제다. 여기서 호시(虎視)는 꿈과 비전, 우보(牛步)는 꿈이난 비전을 달성하는 구체적인 실천으로 이해할 수 있다.

뇌력은 체력에서 나오고
태도 역시 체력이 결정한다

뇌력도 체력에서 나온다. 1990년
대 초 유학 시절 밤새워 공부하다 쓰러진 적이 있다. 체력이 안 되니
뇌력도 발휘되지 않음을 몸으로 깨달았다. 당시의 나는 시련과 역경
을 정신력으로 극복하려고 발버둥을 친 정신 나간 사람이었다. 체력
의 중요성을 몸으로 깨달은 이후 밥 먹듯이 운동하는 습관을 만들었
다. 체력이 뒷받침되어야 좋아하는 공부도 마음껏 할 수 있음을 뼈저
리게 느꼈다. 공부에 전념하려면 맑은 정신이 필요한데, 정신이 맑아
지려면 몸이 바빠져야 한다. 몸이 한가해지면 정신은 수직으로 서서
신경을 곤두세운다. 거꾸로 몸이 바빠지면 정신은 누워서 휴식을 취
한다. 몸이 바쁘게 움직여야 정신이 쉴 수 있다. 여러분도 운동을 하
고 나면 상쾌해지고 경쾌해짐을 느낄 것이다. 상쾌한 몸이 명쾌한 정
신을 만들고 유쾌한 감성을 낳는다. 상쾌한 몸이 먼저 확보되면 자연
스럽게 명쾌한 정신과 유쾌한 감성이 뒤따라온다.

사람들은 태도(Attitude)가 모든 걸 결정한다고 생각해왔다. 태도가
내가 성취할 수 있는 높이나 고도(Altitude)를 결정한다는 통념을 믿어
왔다. 하지만 태도가 고도를 결정하는 게 아니라 체력이 자세와 태도
를 결정한다. 그리고 성취할 수 있는 높이나 한계도 결정한다. 체력이
뒷받침되지 않으면 만사가 귀찮고 부정적으로 변한다. 체력이 바닥나

면 적극적으로 경청할 수 없는 이유가 여기에 있다. 몸이 피곤한데 상대방이 아무리 좋은 이야기를 하거나 갈급한 부탁을 해도 적극적으로 듣고 반응할 체력이 안 되면 말짱 헛일이다. 아무리 정신 차리고 들어보려고 노력해도 몸이 말을 안 들으면 그 속에 거주하는 정신도 산만해지고 집중할 수 없다. 따라서 태도가 모든 걸 결정하는 게 아니라 체력이 태도를 결정한다. 태도를 바꾸어 행동을 바꾸는 게 아니다. 행동을 바꾸어야 태도가 바뀐다. 태도를 바꾸고 싶지만 바뀌지 않는 이유는 체력이 안 따라주기 때문이다.

운동하는 동안은
동안(童顔)이다

운동을 꾸준히 하면 몸의 놀라운 변화와 함께 세상이 경이로운 기적으로 다가온다. 우선 밥 먹듯이 운동하면 체력이 놀랍게 향상된다. 나는 1년 365일 운동을 한다. 매일 새벽 일정한 시간에 무조건 일어나 피트니스 센터로 달려간다. 그리고 신체 부위별로 주기적인 운동 프로그램을 따른다. 하루는 유산소 운동만 중점적으로 한다. 러닝머신을 빠르게 걸은 뒤 경사지를 40분 이상 걷거나 자전거를 탄다. 유산소 운동은 체지방을 태워 몸을 가볍게 만들고 심장과 폐를 튼튼하게 만들어 몸에 피가 잘 돌도록 해준다. 무엇보다 몸에 땀이 흐르면서 몸이 가벼워지고 머리가 맑아진다. 땀과 함께 노폐물이 배출된 내 몸에는 맑은 기운이 감돌기 시작한다. 좋은 생각이 갑자기 떠오르면서 골머리 앓던 문제가 말끔히 해결되기도 한다. 모든 게 운동의 결과다! 꿈꾸는 동안은 동안(童顔)이지만 운동하는 동안에도 동안(童顔)이다. 내면의 에너지를 충전해주는 유산소 운동은 피부도 건강하게 만든다. 운동으로 혈액순환이 왕성해지면 절로 피부에 윤기가 나고 젊어 보인다. 안이 불편한데 밖에 뭔가를 바르고 꾸민다고 문제가 해결되지 않는다. 안의 변화가 밖의 변화를 끌고 오는 것이다.

운동으로 체형이 바로잡히고 체격이 달라지며 얼굴에 화색이 돌면, 과거와 다른 면모를 보여줄 수 있다. 인격과 품격도 달라진다. 얼굴에서 뿜어지는 건강한 기운은 내면의 기운을 짐작게 한다. 운동 부족인 사람에게서 찾아볼 수 없는 건강한 외모와 기운, 그리고 아우라가 뿜어져 나온다. 넘치는 신체 에너지는 자신도 모르게 다른 사람에게 흘러가 긍정적인 기운을 전해준다. 운동을 하면 자세와 태도 역시 남달라진다. 따뜻한 시선과 긍정적인 언어로 세상을 바라보게 된다. 그냥 하는 말이 아니라, 필자의 경험이 그렇다. 열정이 만들어지고 나태한 생각이 물러가며 세상이 무한한 가능성의 천국이 될 수 있다는 긍정도 싹튼다. 안 되는 이유나 핑계보다 되게 하는 방법, 될 수밖에 없는 필연성을 떠올린다. 몸이 받쳐주니 자신감이 넘치는 건 당연하다. 자신을 세상의 중심에 세우는 몸이 따라주면 모든 것이 절로 따라온다. 여러분이 지금 당장 운동을 해야 하는 이유다.

2014년 드럼 연주 프로필 사진 촬영

재(財)테크나 금(金)테크는 망해도
근(筋)테크는 절대 안 망한다

재(財)테크나 금(金)테크는 망할 수 있다. 하지만 절대 망하지 않는 가장 안전한 투자가 있으니, 바로 근(筋)테크다. 사업가가 돈을 많이 벌었더라도 그 돈을 의미 있게 쓸 몸이 없다면 무슨 소용이 있을까? 따라서 사업가는 망하지 않는 근테크에 더 많이 투자해야 한다. 사업가의 몸 역시 하루아침에 만들어지지 않는다. 사업가는 격전의 현장에서 이리저리 몸을 움직이며 시행착오도 경험하고, 우여곡절의 삶을 살면서 체험적 통찰력을 지닌 사람이다. 경험과 체험의 바탕은 근력에서 비롯된다.

사업가는 장기전의 승부사다. 잔꾀를 부려, 운이 따라 부자가 된 사람도 물론 존재하지만, 진정한 사업가는 오랜 격랑의 파도를 해치고 이를 이겨낸 사람들이다. 사업가는 재테크나 금테크도 중요하게 생각하지만, 그보다 근테크를 더 중요하게 생각하고 이를 매일 실천하는 사람이다. 절체절명의 위기에도 흔들리지 않고 의사결정을 내려야 하는 사업가, 그리고 과감하게 실행에 옮겨야 하는 사업가, 흔들리지 않고 중심을 잡아주는 체력이 없다면 이런 일을 해낼 수 없다.

경지에 이른 사업가 중에는 비만이거나 몸이 안 좋은 사람이 별로 없다. 촌음을 다투어 결정해야 할 수많은 일을 처리하면서도 활력 있는 삶을 살아가려면 몸이 중심을 잡고 버텨야 한다. 몸에 투자하는 사업가일수록 롱런할 가능성이 높다. 뿐만 아니라 위기와 난국을 돌파할 혜안도 겸비할 수 있다. 돈 들여 살은 뺄 수 있어도 근육은 절대 돈 들인다고 만들어지지 않는다. 근육은 오로지 땀의 대가로 만들어지는 결실이다. 내가 흘린 땀의 양만큼 근육에 상처가 생기고, 그 상처가 아물면서 또 다른 근육이 생긴다. 땀은 근육이 흘리는 눈물이다. 내가 흘린 땀의 양만큼 몸도 바뀐다. 움직여서 흘린 땀의 양만큼 몸이 건강해지고 근육도 만들어진다. 경지에 이른 사람은 침을 흘리지 않고 몸을 움직여 땀을 흘린다. 침 흘리는 사람이 성공하지 않고 땀을 흘리는 사람이 성공하게 마련이다. 땀은 노동의 대가로 나오지만 침은 시샘과 질투와 시기의 대가로 흘러나온다. 건강한 사람은 침을 흘리는 사람이 아니다. 땀을 흘리는 사람이다. 오늘 흘린 땀의 양만큼 건강한 내일을 살 수 있다.

신화 창조의 주체는
머리가 아니라 몸이다

건강한 상상력으로 피워낸 아름다운 아이디어일지라도 아이디어는 아이디어일 뿐이다. 아이디어를 현실로 구현하고 싶다면 마지막까지 포기하지 않고 불굴의 의지로 밀어붙이는 체력이 필수다. 아이디어를 현실로 구현하려면 온갖 장애물을 넘고, 저항과 비난의 화살을 퍼붓는 사람의 조소와 조롱까지 견뎌낼 수 있는 내성과 체력이 필요하다. 몸이 건강해야 나를 향한 비난의 화살이 날아와도 긍정적인 가능성으로 전환하는 에너지가 생긴다. 몸이 부실하면 누군가 보내는 작은 조소와 조롱도 쉽게 흔들린다. 무엇이 중요한지 전략적으로 판단하여 새로운 창조로 연결하는 결정적 순간, 자신의 에너지를 집중적으로 사용하는 지혜도 바로 몸에서 나온다.

몸은 내 삶의 중심이다. 몸이 부실하면 인생도 부도가 난다. 아름다운 아이디어를 현실로 구현해 창조의 꽃을 피워내고 싶다면, 세상의 반대를 무릅쓰고 본래 품었던 이상을 꽃피우고 싶다면 다양한 실험과 모색, 시도와 도전, 시행착오와 우여곡절을 겪어낼 체력을 키우자.

한편, 꾸준히 몸을 만들어가는 사람은 운동 부족으로 생기는 면역력 결핍에서도 자유롭다. 매일 주기적으로 밥을 먹어야 몸을 유지하는 영양소를 흡수하듯, 매일 주기적으로 운동해야 외부의 바이러스나 세균 등으로부터 몸을 보호하는 면역력이 생긴다. 운동으로 단련된 몸은 스트레스를 견딜 수 있는 내성을 지녀서 보통 사람이 쉽게 걸리는 질병에 안 걸리고 건강한 삶을 살 수 있다. 웬만큼 힘든 상황은 능히 극복해낼 힘도 생긴다. 피곤해서 도저히 버틸 수 없는 지경에 이르러도 평소 운동으로 몸을 단련했다면, 놀라운 피로회복의 에너지를 경험할 수 있다. 힘들고 어려운 일에 부딪혀도 즐겁고 긍정적인 자세로 임할 수 있고, 무리 없이 위기 상황을 탈출하도록 돕는 것도 결국 체력이다.

이런 경험이 누적될수록 몸의 내성이 점점 더 강해진다. 면역력은 물론 저항력도 함께 커지는 것이다. 몸이 되면, 보통 사람들이 쉽게 포기하고 백기를 드는 상황에서도 꿋꿋하게 마지막까지, 조용하지만 위대한 기적의 텃밭을 만들어갈 수 있다. 신화 창조의 주체는 몸이다.

운동을 시작하는 방법은
그냥 시작하는 것이다

운동을 시작하지 못하는 이유는 시작하지 않기 때문이다. 그런데 지금도 구체적인 처방전을 마련하거나 운동하는 방법을 연구하는 사람들이 많다. 운동하기로 다짐만 거듭하는 사람들도 많다. 다짐만 하느라 몸이 무거워져 움직일 수 없는 상태가 된 경우다. 다짐과 결심은 그만하고 일단 몸을 움직여 실행에 옮겨야 한다. 그렇지 않으면 몸은 절대로 바뀌지 않는다. 운동을 시작하는 3S 방법이 있다.

첫째, S는 Small이다. 거창한 계획과 원대한 포부보다 작은 움직임이나 동작을 요구하는 운동으로 시작하는 것이다. 내 몸무게로 시작하는 운동이 최고의 운동 방법이다. 운동하기 위해 굳이 피트니스 센터까지 안 가도 된다. 여유가 된다면 피트니스 센터에 등록해 전문 트레이너의 코칭을 받으면 금상첨화겠지만, 혼자 집에서 홈트로 시작해도 좋다. 가장 이상적인 운동은 몸무게가 느껴지는 운동들이다. 쉽고 간단하지만 플랭크, 스쿼트, 푸시업 등은 전신 운동에 매우 효과적이다.

둘째, S는 Start다. 무조건 시작하는 것이다. 시작하지 않고 시작하는 방법을 연구할수록 시작하지 못한다. 운동을 시작하기에 완벽한 때란 없다. 완벽한 때를 기다리다 몸에 때만 낀다. 알람시계를 맞춰놓고 운동시간에 맞춰 아침에 일어나는 방법이 있다. 알람을 끈 후 지체 없이, 단 1초도 생각하지 말고 일어나 운동하러 나가야 한다. 바로 일어나지 않고 생각하기 시작하면 절대 운동을 시작할 수 없다. 몸을 움직이기 전에 생각이 1초를 넘어가면 운동을 안 해도 되는 10가지 이유가 머리를 꽉꽉 채우기 시작한다. 생각이 길어질수록 운동을 행동으로 옮기기가 불가능해진다. 생각하지 말고 행동하라! 생각은 나중에 해도 늦지 않다. 이유나 핑곗거리가 꼬리를 물고 생각이 시작되기 전에 몸을 움직여 문 밖으로 나가라. 그것이 운동의 시작이다.

셋째, S는 Stimulus다. 작은 실천을 진지하게 반복하면 몸에 자극이 온다. 통증으로 느껴지는 자극이 조금만 참고 견디며 운동을 지속하면 기분 좋은 자극으로 바뀐다. 힘들어야 힘이 들어간다. 운동을 힘들게 해야 어려운 상황을 극복하는 힘이 생긴다.

참고 동영상
상위 0.1% 찐부자들의 습관의 힘, 밥은 매일 먹으면서 이건 왜 매일 안 하나요?
https://youtu.be/u8WeJLQUjaY

관련 참고도서
《부자의 1원칙, 몸에 투자하라》 유영만, 김예림(공저). 블랙피쉬(2021)

02

사업가의 경쟁력

Encourage your own Color

남보다 잘하지 말고 전보다 잘해라

NETWORK의

E

= Encourage your own Color

남들처럼 되려고 노력하지 말고, 자신의 고유한 색깔을 드러낼 사업을 추진하는 것이 경쟁력이다. 무릇 사업가라면 독특한 경쟁력이 있어야 한다. 사람들은 저마다 강점과 재능을 갖고 있음과 동시에 자신이 취약한 약점, 부족함도 갖고 있다. 나의 약점을 다른 사람의 강점과 비교하고 견주는 순간, 나는 영원히 그 분야의 경지에 오를 수 없을 뿐만 아니라 자칫 평생 불행한 삶을 살 수도 있다. 남보다 잘하지 말고 전보다 잘 해야 하는 이유다. 사업가의 경쟁력, 핵심 역량은 내가 강점이 있고 재미있어 하는 능력을 중심으로 차별화 전략을 수립하는 일이다. 색달라지면 저절로 남달라지는데, 남달라지고자 남과 비교하다가 나만의 고유한 색깔이 무엇인지조차 모른 채 삶을 마감할 수도 있다.

색달라지면
절로 남달라진다

성공한 사업가는 뭔가 달라도 남다를 뿐 아니라 매우 색다르다. 그들은 남달라지기 위해 노력했다기보다 처음부터 자기다움을 드러내기 위하여 대체할 수 없는 색다름으로 승부수를 던지고 필살기를 개발해온 비범한 리더다. 색다른 사업가는 세 가지 특별한 능력을 습득하고자 안간힘을 쓰는 사람들이다.

첫째, 성공하는 사업가는 딜레마 상황에서도 결연하게 판단, 결단하는 능력이 남다르다. 둘째, 색다른 사업가는 과감하게 도전을 감행한다. 셋째, 성공하는 사업가는 작은 성공체험을 진지하게 반복하면서 성취감을 맛보는 리더다. 또한 색다른 사업가는 내리막길로 치닫는 절망의 상황에서 걸림돌에 넘어져도 언젠가는 오르막길로 다시 오를 것이라는 희망을 갖고 걸림돌을 디딤돌로 바꾸어 생각하는 역발상의 대가들이다. 삶은 음지에서 절치부심할 때도 있고, 양지에서 일취월장할 때도 있다. 비록 지금은 밑바닥 음지에서 낮은 포복 자세로 엎드려 있더라도, 다시 정상에 올라 세상을 굽어보며 포효하는 날이 올 것임을 굳게 믿는다. 남다름을 넘어 색다른 사업가는 쉽게 포기하거나 좌절하지 않고 더 높이 비상하기 위해 암중모색할 뿐이다.

한 사람이 모든 걸 다 잘 할 수는 없다. Network 사업이 사람을 만나 이루어지는 인간관계 업이라고 해도 여전히 사업에는 시작부터 끝까지 챙겨야 할 일이 한두 가지가 아니다. 가령, 뭔가 색다른 기획력으로 비전과 야망을 갖고 새롭게 시작하는 걸 좋아하고 잘하는 사람이 있다. 반면에 어떤 사람은 미래를 위한 계획 수립보다 현실적인 문제와 씨름하면서 현안 과제 해결에 탁월한 재능을 가진 사람도 있다. 또 혹자는 숫자와 통계, 계량적 관리에 능통하여 주어진 일을 엄격하게 관리, 통제하면서 업무 효율을 높이는 일에 차별화된 전문성을 보여주기도 한다.

사업가는 적정한 사람을 발굴하고 모집해서 교육하고 그 사람에게 미래의 꿈과 비전을 심어주면서 동기를 부여하고 열정적으로 자기 일에 몰입할 수 있도록 리더십을 발휘해야 하는 사람이다. 또한 사업가는 기존 파트너들의 개인적인 문제와 사람들 사이에서 벌어지는 갈등을 원만히 해결할 수도 있어야 한다. 그리고 새 가능성을 발굴하기 위해 미래 지향적인 사업 방향과 전략을 수립, 실천하는 일도 거침없이 수행해야 한다. 그런데 한 사람이 이 모든 일을 다 잘 할 수는 없다. 따라서 자신이 가장 자신 있는 일을 중점적으로 추진하면서 자신이 부족하다고 생각하는 부분은 해당 분야에 능한 사람의 도움을 얻어 일을 추진하는 임파워먼트를 할 수밖에 없다.

'비교'하지 말고
'비유'하라

"비교는 비극으로 가는 길이고, 비유는 비전으로 가는 길이다." 주철환의 《청춘》[7]에 나오는 말이다. 이미지 한 장은 단어 1,000개보다 더 힘이 세다고 한다. 사람은 뭔가를 기억할 때 단어로 기억하는 대신 이미지로 더 잘 기억한다. 어머니의 모습을 떠올릴 때, 어머니가 자신에게 베푼 사랑이 어떤 모습으로 추억되는지 이미지로 먼저 떠올린 다음, 그 이미지를 적절히 표현할 수 있는 개념을 찾아 기억한다. 사람들의 기억 속에 강렬하게 각인된 것은 특별한 말보다 이미지다. 그런데 이미지보다 더 오랫동안 기억되는 게 있다. 바로 비유다. 사물이나 현상의 본질적 속성을 적절히 대변하는 비유는 사진이나 이미지 1,000장보다 더 힘이 강하다. 복잡하

---

7 《청춘》주철환. 춘명(2010)

고 어려운 개념도 적절한 비유를 활용하면 아주 쉽게 사람들을 이해 시키는 무기가 된다. 장황한 논리적 설명보다 촌철살인의 감성적 비 유가 사람들을 끌어당긴다. 비교는 좌뇌의 논리가 필요하고, 비유는 우뇌의 직관이나 상상력을 필요로 한다. 이런 맥락에서 '새로운 미래 가 온다', 《드라이브》[8]라는 책의 저자이자 세계적인 동기부여 전문가 다니엘 핑크는 정보사회 다음에 '개념 사회(Conceptual age)'가 온다고 역설한다. 좌뇌 중심의 논리적 이성사회에서 우뇌 중심의 감성적 비 유사회로 옮겨간다는 주장이다.

비교와 비유는 한 사람의 재능을 발견하고 발휘하는 데에도 적용 된다. 사람들은 주로 어제의 나와 비교하지 않고 남과 비교한다. 다 니엘 핑크는 "나는 어제보다 잘하고 있는가?(Was I better today than yesterday?)"라는 질문을 던져보라고 말한다. 비교 대상은 남이 아닌 어제의 나다. 어제의 나와 오늘의 나를 비교할 때 어제보다 나은 오 늘, 오늘보다 나은 내일을 향해 나아갈 수 있다. 어제와 다르게 오늘 을 살고, 오늘과 다른 내일을 생각하고 행동하게 된다.

비교 대상이 내가 아니고 남일 때 불행한 삶을 살기 쉽다. 내가 얼 마나 잘 했는지의 평가 기준을 내가 아닌 남에게 둔다면, 왜 내가 이

---

8 《드라이브》 다니엘 핑크(지음), 김주환(옮김)(2011). 청림출판(2011)

일을 해야 하는지 이유를 찾기 힘들다. 남과 비교하면서 살면 목적을 상실한 채 전속력으로 질주하는 삶을 반복하기 쉽다. '자유(自由)'는 '자기(自己)의 존재 이유(理由)'의 줄임말이다. 남과 비교하는 삶을 살아가면 자유롭지 못하다. 필자는 《유영만의 청춘경영》[9]이라는 책에서 "남보다 잘하려고 하지 말고 전보다 잘하라!"는 이야기를 한 적이 있다. 어제의 나와 비교할 때 오늘의 나는 얼마나 다르게 생각하고 행동하는지를 성찰해볼 수 있다. 그러나 남과 비교하기 시작하면 나다움을 찾아가는 자기 발견과 자기 변신이 이루어지지 않는다. 매순간 열등감에 휩싸여 불행한 삶을 살아갈 수밖에 없다.

반면에 비교의 대상을 남이 아닌 내 안에 둔다면, 자신의 재능, 장점을 찾아 비전이 가득한 삶을 살아갈 수 있다. 누구나 자신만의 특별하면서도 재미있는 능력을 갖고 있다. 재능은 남과 비교해서는 찾기 힘들다. 재능은 밖에 있지 않고 내 안에 잠자고 있기 때문이다. 재능은 비교의 대상이 아니라 비유의 대상이다.

오리와 토끼, 그리고 참새가 동물학교에 입학했다고 해보자. 동물학교의 첫날 교과목은 수영이다. 수영은 오리가 짱이다. 그런데 토끼는 선천적으로 수영을 할 수 없다. 토끼는 오리의 재능인 수영 능력을 따라잡고자 엄마와 함께 꽝으로 특별 전지훈련을 다녀왔다. 그래

---

9 《유영만의 청춘경영》유영만. 새로운제안(2015)

도 토끼는 오리처럼 수영을 잘할 수 없다. 둘째 날 교과목은 산등성이를 오르는 등산이다. 이번 교과목에서 가장 큰 스트레스를 받은 동물은 오리다. 이번에는 오리가 토끼보다 빠르게 산에 오르려고 몇 날 며칠 밤새워 훈련했다. 오리는 뼈를 깎는 각오로 훈련에 임했지만, 찢어진 물갈퀴, 털 빠진 날개, 디스크에 걸린 질병만 몸에 새겼을 뿐이다. 이제 마지막 날이다. 이 날의 교과목은 노래하기다. 노래는 참새의 주종목이다. 물론 오리도 노래를 좀 하지만, 참새만큼은 아니다. 그리고 토끼는 전혀 노래를 못한다. 노래 못하는 토끼를 데려다 성대수술을 해도 토끼의 재능은 노래가 아니기에 모든 노력이 말짱 도루묵이다.

자연의 모든 생명체는 저마다 개성과 재능을 갖고 있으며 이를 발휘하며 살아갈 때 빛을 발한다. 오직 인간만이 남과 비교하면서 불행한 삶을 살아가는 불행한 존재다. '학교가 창의력을 죽이고 있다'는 TED 강연을 하고,《엘리먼트》[10]라는 책을 쓴 교육철학자, 켄 로빈슨(Ken Robinson)은 재능과 열정이 만나는 지점에서 위대한 반전과 도약이 시작된다고 밝혔다.

창의력 계발 전문가인 켄 로빈슨에 따르면, 지능지수나 학문적 능력은 창의성과 별개라고 한다. 그는 오늘날의 '학교(school)'는 '물고

---

10 《엘리먼트》 켄 로빈슨, 루 애로니카(공저), 정미나 (옮김). 21세기북스(2016)

기 떼(school)'와 같다면서 지능이나 특정한 교과목으로 아이들을 하나의 잣대로 획일화시켜 개성과 재능을 무시하고 한 무리의 '물고기 떼'를 양성한다고 안타까워했다. 아이들의 재능을 비유적으로 찾지 않고 특정 교과목 성적이나 다른 학생들의 지능지수와 비교하는 불행한 삶을 강요한다는 일침이다. 《위대한 나의 발견 강점 혁명》[11]을 주장한 미국의 마커스 버킹엄(Marcus Buckingham) 역시 자신이 잘 하는 강점을 개발하는 일이 단점을 보완하는 노력보다 훨씬 중요하다고 강조했다. 《다중지능》[12] 이론의 주창자, 미국의 하워드 가드너(Howard Gardner)는 인간의 능력을 지능지수로 획일화시켜 평가하지 말라고 주장했다. 사람은 공간지능, 언어지능, 논리-수학 지능, 신체 지능, 음악지능, 대인 관계 지능, 인터퍼스널 지능, 자연주의적 지능 등 무려 8가지 지능을 갖고 있다고 한다. 논리-수학적 지능이 좀 부족한 아이가 신체 지능이 발달해 세계적인 운동선수로 성장한 사례는 얼마든지 찾아볼 수 있다.

11 《위대한 나의 발견 강점 혁명》마커스 버킹엄, 도널드 클리프턴(공저), 박정숙(옮김) 청림출판(2013)
12 《다중지능》하워드 가드너(지음), 문용린, 유경재(공역), 웅진지식하우스(2017)

익숙한 도로에서 벗어나
나만의 길을 가라

많은 사람이 자신의 내면에 숨겨진 재능을 발견하기보다 남과 비교하여 타인을 따라잡으려고 노력하며 살아간다. 그러나 '남보다' 잘하려고 노력하기보다 '전보다' 잘하려고 노력해야 행복한 삶이다. 남과 비교하는 순간 불행의 시작이다. 행복한 삶은 내가 하면 신나는 일을 찾아 그 일을 재미있게 하면서 살아가는 것이다. 최고의 사업가가 되는 일도 매한가지다. 자신의 재능을 찾아 재미있게 갈고 닦으면, 어느 순간 최고의 대열에 올라선 자신과 만날 수 있다. 너무나 유명한 '1만 시간 법칙'을 주창한 말컴 글래드웰(Malcolm Gladwell)은 분야를 막론하고 한 분야의 위업을 달성한 사람은 공통적으로 자신의 재미있는 일을 찾아 하루 3시간씩 10년 정도 투자한 사람이라고 밝혔다. 최고는 최악의 순간을 경험하면서도 최고가 되는 길을 포기하지 않는 사람이다. 진정한 최고는 'Best One'이 아니다. 'Only One'이다. 'Best One'은 남과 비교해서 이루어지는 최고지만, 'Only One'은 오로지 자신의 재능을 찾아 유일함(unique)을 추구하는 최고다.

길은 'Only One'을 추구하는 사람이 가는 방법이다. 반면에 도로는 'Best One'을 추구하는 사람이 가는 방법이다. 'Best One'은 누가 먼저 목적지에 빨리 도달하느냐를 문제 삼는 속도경쟁 방식을 중시한다. 반면에 'Only One'은 각자 다른 방향으로 자신의 길을 가는 방식이다. 길을 가는 사람은 남과의 경쟁이 아니라 자신과의 경쟁을 즐긴다. 오로지 자신의 내면에 잠재된 꿈과 욕망이 요구하는 길을 찾아가면서 어제의 나와 비교한다. 길과 도로의 차이점을 쉽게 이해하는 방법이 있다. 우연히 수업시간에 학생들이 발표하는 파워포인트 자료에서 'PAMA(파마)'한 'PUMA(푸마)' 이미지 파일을 본 적이 있다. 이미지 파일을 보는 순간, 길과 도로의 차이점을 설명하는 데 유용한 자료라고 생각했다. PUMA의 패러디 로고들은 PUMA를 따라 잡을 수 없다. PAMA, JANA, IMMA, CHIMA, PINA는 모두 PUMA가 간 길을 뒤쫓는 길, 즉 도로(path) 위에서의 치열한 경쟁을 하지만 PUMA를 이길 수 없다. PUMA를 능가하려면 PUMA가 걸어가지 않은 전혀 다른 길(way)을 가야 한다. PUMA가 파마(PAMA)를 하고 잠을 자거나(JANA), 치마(CHIMA)를 입은 PUMA를 때리면서 임마(IMMA)하거나 피를 흘려도(PINA) 여전히 PUMA를 이길 수 없다.

PRADA를 흉내 내는 GURADA, DAUM을 따라잡으려는 SAUM, Bean Pole을 따라잡으려는 Bean Gone, North Face를 따라잡으려는 North Korea와 같은 짝퉁은 영원히 일류가 될 수 없다. 늘 이류나 삼류로 살아가는 비애를 맛볼 뿐이다. 남만 따라가다 절대로 남을 따라잡을 수 없다. 남들처럼 살아가려고 남과 비교하다 영원히 비참한 인생을 살 수밖에 없다. 사업가는 기본기는 철저하게 따라서 배우고 필살기는 알아서 배운다. 해당 조직에서 공동체 생활을 하기 위해 모든 구성원이 지켜야 할 원칙과 매너, 그리고 함께 하기로 약속한 규칙은 반드시 따라서 배우는 일들이고 자신이 잘할 수 있는 필살기는 스스로 개발해야 한다. 필살기는 자기 자신만이 갖춘 색깔로 특별한 재능을 보여줄 수 있는 독특한 기술이다. 나만의 색깔을 드러내는 필살기는 내 삶을 통해 내재화된 나만이 독특한 무기다. 삶의 색깔이 다르기에 필살기도 저마다 고유한 색깔을 지닌다. 사업가의 사업철학과 사업방식은 그 사람이 살아오면서 내재화시킨 자기만의 고유한 색깔이 만든 산물이다. 평범한 사업자는 남들이 하는 방식을 부지런히 벤치마킹하지만, 비범한 사업가는 남들이 걸어가지 않은 길을 자기만의 방식으로 개척해간다. 위험한 일이고 길이지만 그 길 위에서 진정 내가 누구인지를 깨닫는 즐거움을 만끽한다. 사업자보다 사업가가 이전과 다른 세상을 열어가는 이유다.

색계(色戒),
나만의 색깔을 확보하라

사람의 감정과 기분은 눈빛에 나타나고 얼굴색, 즉 안색(顔色)에 고스란히 드러난다. 자신은 그렇지 않다고 생각해도 지금 느끼는 감정과 고민 중인 생각은 안색에 모두 나타난다. 또 몸의 컨디션도 얼굴에 잘 드러나는데, 안색이 안 좋다면

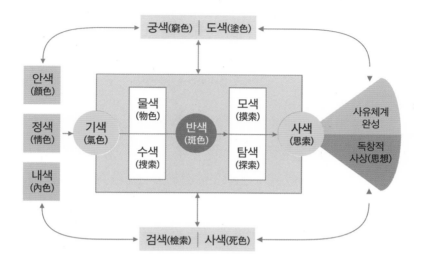

사색[思索]을 통해 사고[思考]하는 과정

건강도 안 좋다는 징조다. 정색(正色)을 하고 내색(內色)하지 않으려 해도 안색은 내 안의 감정과 기분, 몸의 상태 등을 상징적으로 드러내어 준다. 색은 자기만의 색깔이다. 자기 특유의 색깔은 오랜 기간 자기 분야에 몸담아오면서 갈고 닦은 특유의 컬러이자 개성이다. 당연히 사람마다 각자의 색깔이 있다. 색깔은 쉽게 모방하기가 어렵다. 겉으로 드러나는 색상은 모방이 가능해도 내면의 향기가 드러나는 색깔은 그 사람의 특유의 개성이고 스타일이기에 절대 모방할 수 없다.

영화 〈색계(色戒)〉의 핵심 메시지는 색(色)으로 계(戒)를 무너뜨릴 수 있다는 점이다. 여기서 색은 색욕(色慾)이 아니다. 그 사람 특유의 개성, 색깔을 뜻한다. 그리고 계는 색을 경계하는 마음이다. 경계하는 마음의 빗장을 풀게 하는 원동력은 그 사람 고유의 색깔이다. 색깔은 단순히 물색(物色)해보고 수색(搜索)한다고 알 수 없다. 물색해서 본래 의도를 찾아보고 수색해서 숨은 의도를 찾는 노력 가운데 반색(斑色) 할 수 있는 색깔을 찾기도 한다. 하지만 그런 물색과 수색을 통해서 찾은 반색은 한순간만 반짝이는 색일 뿐이다. 그렇게 찾은 색깔은 그 사람 특유의 고유한 색깔이라기보다 궁색(窮色)하기 이를 데 없는 색 깔이다. 다른 사람의 색깔을 흉내 내어 도색(塗色)을 해도, 그 사람 본 래의 색깔을 그대로 따라갈 수 없다.

어떤 사람의 색깔을 모방하고 싶어서 인터넷으로 아무리 검색해도 나만의 색깔은 인터넷 정보에 존재하지 않는다. 나만의 색깔은 밖이 아닌 내 안에 있다. 내 안의 색깔은 구색(究索)을 통해 구색(具色)을 갖 출 수 있다. 그리고 나만의 색깔은 어느 날 갑자기 드러나지 않는다. 끊임없이 실험하고 모색(摸索)하며 탐색(探索)하면서 찾을 수 있다. 자 기 특유의 색깔은 실험과 모색, 탐색과 사색(思索)을 통해서만 발견할 수 있다. 홀로 지내는 고독한 사유의 시간을 통해 내면으로 파고드는 사색 없이 검색(檢索)만 한다면 얼굴이 사색(死色)이 될 뿐이다.

깊은 사색은 자기 특유의 사유체계를 완성하는 길이며, 독창적인 사상을 확립하는 길이기도 하다. 그렇게 되면 많은 사람들로부터 검색을 당하는 위치에 설 수 있고, 세상 흐름을 뒤바꾸는 철학적 사유체계로 자리 잡을 수 있다.

고스톱에서도
교훈을 얻는다

　　　　　　　어느 날 친구 3명이 고스톱을 치기로 했다. 3명의 친구 중 고스톱 고수도 있는가 하면, 고스톱을 배운 지 얼마 안 된 하수도 있다. 그리고 그럭저럭 남들 수준의 고스톱을 치는 중수도 함께 섞여 있다. 고스톱은 실력이 매우 출중한 고수가 아니라면 게임 흐름과 판세에 따라 중수 또는 하수가 돈을 따는 일이 비일비재하다. 여러 차례 판이 거듭 돌아가며 재미난 승부가 벌어지기도 한다. 그렇게 게임이 진행되는데, 자칭 고스톱 고수가 얼마나 열심히 화투장을 모아두었는지 자리 앞에 펼쳐진 화투판이 엄청 화려했다. 띠라고 불리는 5끝자리 4장, 열을 의미하는 십자리 4장, 소위 피(껍데기)라고 불리는 것을 9장이나 따다 놓았다. 이른바 449통이라 불리는, 따다 놓은 화투장은 많아도 아무 짝에도 쓸모없는 악수에 걸려 든 것이다. 그런데 옆에 앉은 고스톱 하수 친구는 쿠사라는 전략 4, 5, 7의 띠를 따다 놓고 경기 도중에 스톱을 외쳤다. 많은 화투장을 모으진 못했지만 가볍게 3점을 얻어 경기에서 승리한 하수다. 449통에 걸린 자칭 고수는 무려 17장의 화투를 땄음에도 고작 화투장 몇 장, 3점 나기로 밀어 붙인 하수 친구에게 승리를 내주고 만다. 이 게임에서 승자는 17장을 딴 사람이 아니라, 쿠사로 승부수를 던져 고작 6장을 딴 친구다. 여러분도 고스톱을 해보았다면 이런 경험이 한 번쯤은 있을 것이다.

단점을 인정하고
장점을 극대화하라

현명한 사업가는 단점을 보완해가며 17가지 방식의 일을 벌여놓고 추진하지 않는다. 자신이 잘할 수 있는 두세 가지 힘과 에너지를 집중해 전략적으로 일을 풀어간다. 또 사업가로서의 리더는 자신이 잘하는 강점을 기반으로 누군가가 더 일을 잘하도록 재능을 계발해주는 강점코치다. 사람이라면 누구나 약점이 있게 마련이다. 그런데 아무리 자기 약점을 보완해도 그 분야의 강점 보유자를 뛰어넘을 수는 없다. 따라서 약점을 스스로 인정하고 대신 자신의 강점을 더 강화시키는 것이 전략이다. 약점은 다른 말로 일종의 한계다. 따라서 약점은 치명적인 한계로 작용하지 않도록 관리해야 할 대상이다. 나의 치명적인 약점은 그 분야의 전문가와 전략적 파트너십을 맺어 보완하거나 상쇄가 되도록 노력하는 게 좋다. 그리고 강점을 보다 강화시키는 강점강화 전략을 취해야 한다. 팀원이나 파트너에게 17가지 방식의 일을 다 잘 해야 한다고 가르치려다가, 가르치는 사람도 배우는 사람도 모두 망할 수 있다. 누구보다 잘할 수 있는 나만의 강점 분야를 골라 힘과 에너지를 집중할 필요가 있다.

과거에 필자가 번역한《펄떡이는 물고기처럼》[13]의 영어 원서 제목은《Fish!》다. 활력 잃은 일터를 에너지 넘치는 일터로 바꾸기 위한 일종의 조직개발 활성화 이야기였다. 그 후 펄떡이는 물고기처럼 2탄인《펄떡이는 물고기처럼 그 후 이야기》[14]와 또 하나의 후속작《펄떡이는 물고기처럼 3 - 비실비실 팀 구출하기》[15]라는 책들이 출간되었지만 빛도 못 본 채 장렬히 전사했다. 펄떡이는 물고기처럼 책,《성공하는 삶을 위한 Fish! 철학》이 또 나왔지만 역시 흥행에 실패했다. 비슷한 콘셉트를 반복해서 사용하는 것에 대한 독자들의 물림이 표현된 결과다. 그 후 '펄떡이는'이란 말이 들어간 책이 우후죽순처럼 출간되었지만 독자들은 외면했다. 가령《펄떡이는 영어》,《펄떡이는 길거리 경제학》,《교실 밖, 펄떡이는 환경이야기》 등이 '펄떡이는' 콘셉트를 모방했지만 불행하게도 모두 헐떡거리다 자취를 감추었다.《펄떡이는 물고기처럼》의 저자 스티븐 C. 런딘(Stephen C. Lundin)의 또 다른 책의 원제는《Top Performer》였다. 우리말로 번역하면 '최고의 성

---

13 《펄떡이는 물고기처럼(개정판)》 스티븐 C. 런딘, 해리 폴, 존 크리스텐슨(공저), 유영만(옮김). 한언출판사 (2017)

14 《펄떡이는 물고기처럼 그 후 이야기》 스티븐 런딘(지음), 유영만(옮김). 한언(2002)

15 《펄떡이는 물고기처럼 3 - 비실비실 팀 구출하기》 스티븐 런딘(지음), 유영만(옮김). 한언(2003)

과자'다. 하지만 이 책을 번역할 때 제목을《한 걸음만 더》[16]로 바꾸었다.

　비슷한 예로《누가 내 치즈를 옮겼을까》[17]라는 책이 베스트셀러에 등극하니까, 치즈 콘셉트를 모방한 다양한 책들이 뒤를 이었다. 몇 가지만 나열하자면《누가 내 치즈를 잘랐을까》,《치즈 내 것 만들기》,《나의 치즈를 지키는 노하우》,《어떤 쥐가 치즈를 찾을까》,《내 치즈는 내가 옮긴다》,《누가 내 고객을 훔쳐갔을까?》,《치즈를 찾아서》등이다. 아직도 비슷한 콘셉트의 책이 줄을 잇는다. 현실에서는 성공 체험의 덫에 걸려 비슷한 제목을 흉내 내는 어리석음들이 반복되고 있다. 안타까운 일이다.

참고 동영상
색달라지면 남달라진다
https://youtu.be/1GbU31ZwO2Q

관련 참고도서
《유영만의 청춘경영》유영만. 새로운 제안(2015)

16　《한 걸음만 더》스티븐 C. 런딘, 카 헤이저먼(공저), 안진환, 유영만(공역). 김영사(2008)
17　《누가 내 치즈를 옮겼을까》스펜서 존슨(지음). 진명출판사(2015)

03

사업가의 질문력
Taking different Question

질문을 바꾸면 낯선 관문이 열린다

NETWORK의

T

= Taking different Question

　　　　　　　사업가는 어제와 다른 질문을 던
질 줄 알아야 한다. 질문을 통해 누구도 가보지 못한 새로운 관문을
열어가는 사람이 사업가다. 사업가의 비즈니스 세계에는 '원래', '물
론', '당연'이라는 세계가 존재하지 않는다. 모든 게 의문의 대상이다.
과거와 다른 질문을 던져 전혀 다른 답을 찾으려고 노력하는 사람이
진정한 사업가다. 사업가의 세계는 세상 사람들이 생각하는 정답과

매우 다르다. 누구도 쉽게 물음표를 던지지 않는 익숙한 세계에서 색다른 관점으로 세상을 바라보며 끊임없이 질문의 그물을 던져 낯선 가능성이 끊임없이 탐구되는 가능성을 타진한다. 사업가는 질문을 바꾸면 낯선 문이 열린다는 사실을 믿는다. 그리고 누구도 쉽게 생각해 내기 힘든 전대미문의 질문을 만들어낸다. 사업가에게는 이런 질문력이 새로운 대안을 찾아내는 데 기본이 된다. 사업가의 질문력은 곧 사업가의 사업능력을 좌지우지하는 핵심이다. 사업가의 비즈니스 세계에는 만족과 안주가 없다. 사업가는 어제와 다른 호기심의 물음표를 던짐으로써 어제와 다른 감동의 느낌표를 찾아 오늘도 미지의 세계로 과감하게 여행을 떠난다.

색다른 질문이
색다른 생각을 잉태시킨다

2017년 4월 11일 밤 12시 50분, 운전하며 잠시 졸다가 사고를 경험했다. 분당-수서 간 고속도로에서 차가 전복되고 결국 폐차까지 하는 대형 사고였다. 순간적으로 의식을 잃었지만 다행히 119에 어찌 연락이 닿았는지 병원에 입원했다. 얼마나 시간이 흘렀을까? 의식을 회복하고 눈을 떠보니 내 몸은 만신창이가 되어 있었다. 갈비뼈와 팔뼈, 그리고 목뼈까지 부러지는 등 심한 통증이 느껴질 무렵, 나는 갑자기 이런 질문을 던졌다.

"여기가 어디지?"

"내가 왜 여기 와 있지?"

"여기에 있는 나는 누구지?"

짤막한 세 마디 질문, 나의 정체성을 파고드는 질문이었다. 사람은 언제 생각하는가? 스스로 자신의 정체성에 관한 본질적인 질문을 던지거나 누군가에게 낯선 질문을 받았을 때 멈칫하며 잠시라도 깊은 생각에 빠진다. 만약 내일 아침에 출근해서 이런 질문을 던져보자. "여기가 어디지?" "내가 왜 여기 와 있지?" "여기서 나는 뭐 하는 사람이지?" 아니면 오늘 집에 들어가서 이런 질문을 집사람에게 던져보자. "여기가 어디지?" "당신은 왜 여기 와 있어?" "당신은 누구야?" 아마 집사람은 놀라서 치매 증상으로 착각할지도 모른다. 사업가는 언제나 사업의 본질을 파고드는 근본적인 질문을 던져야 한다. 내가 하는 업의 본질이 무엇인가? 이 일을 통해 고객에게 내가 제공하는 궁극적인 가치는 무엇인가?

"개미 다리는 몇 개입니까?"라는 질문은 사실 확인에 관한 질문이다. 사실을 알면 금방 대답할 수 있지만 모르면 대답할 수 없다. 개미 다리가 6개라는 사실을 알면, 그렇게 심각한 생각을 유발하는 질문이 아니다. 그런데 간혹 개미 다리가 8개라고 말하는 분들도 있다. 머리에 붙어 있는 2개는 다리가 아니라 더듬이다! 더듬이를 다리로 착각한 사람들이 개미 다리가 8개라고 대답한다. 마찬가지 질문이지만 조금 어려운 질문은 "지네 다리는 몇 개입니까?"다. 한 번도 지네 다리가 몇 개인지 호기심을 갖고 관찰하지 않았기 때문에 답을 아는 사람이 별로 없다. 다만, 지네 다리 숫자는 반드시 짝수이고 여러 개라는 사실이다.

그런데 어느 날 개미가 호기심이 생겨서 지네에게 물어보았다.

"지네야, 너는 앞으로 걸어갈 때 수많은 다리 중에서 어떤 다리를 가장 먼저 내딛느냐?"

순간 지네는 깜짝 놀라 급히 가던 걸음을 멈추고 잠시 생각해보았다. 지네가 깜짝 놀란 이유는 지금까지 아무 생각 없이 앞만 보고 걸어다녔기 때문이다. 지네의 바쁜 행보를 멈추게 만든 원동력은 개미가 난생처음 던진 질문이다. 생각 없이 살던 지네가 생각할 수밖에 없는 계기가 개미의 질문에서 비롯된다. 마찬가지로 사업가는 낯선 질문으로 평범한 생각을 지닌 사람들의 바쁜 걸음을 멈추게 한 다음, 뭔가 깊이 생각해보도록 만드는 질문술사다.

호기심을 갖고 질문하는 능력이야말로 인간만의 고유한 능력이 아닐까 싶다. 기계는 대답하지만 인간은 질문한다. 요즘에는 기술이 좋아져서 기계도 질문을 하지만, 알고리듬 속의 질문이라는 한계가 있다. 딱따구리가 나무를 찍어서 집을 만드는 걸 본 아이가 아빠에게 질문한다. "아빠. 딱따구리는 저렇게 부리로 나무를 쪼아대는데 왜 두통에 안 걸려?" 아빠는 어이가 없다는 표정을 지으며 아이에게 면박을 주면서 이렇게 답한다. "야 그럼 딱따구리가 고무를 찍느냐? 당연한 걸 물어보고 그래." 아이는 그 후 다시는 아빠에게 질문하지 않는다. 스탠포드 대학 연구결과에 의하면 5살 때, 하루에 창조적인 과제를 98번 정도 시도하고, 113번 웃고, 65번 정도 질문하지만 45세가 되면, 하루에 2번 정도 창조적인 과제를 시도하고, 11번 정도 웃고, 6번 정도 질문한다고 한다. 결론적으로 나이가 들면 점점 질문 횟수가 줄고 세상에 대한 호기심이 없어지며 점차 당연과 물론, 원래 그런 세상 속에서 살아가게 된다. 앞서도 소개했듯이 당연하다. 물론 그렇다. 원래 그렇다. 이 세 마디 말이 상상력과 창의력을 가로막는 장벽이 되는 것이다.

우리는 그간, 주어진 문제에 대해 다른 가능성을 생각하기보다 미리 연습한 기계적인 반응방법으로 보다 빨리, 하나만 있다고 믿는 정답 찾기 훈련만 지속해서 받아왔다. 그 결과 정답 자체를 의심하는 문제의식을 갖고 있지 못하다. 왜 그것이 정답일 수밖에 없는가? 우리에게 주어진 질문은 누가 어떤 문제의식으로 제기한 질문인가? 기존 질문을 다른 방법으로 제기하는 방법이 없는가? 결국 질문을 바꾸지 않으면 답도 바뀔 수 없다. 오늘의 나는 내가 과거의 어느 시점에서 내가 던진 질문의 결과다. 나를 바꾸기 위해서는 질문을 바꿔야 한다. 우리는 어느 순간부터 미국의 작가, 메리 올리버(Mary Oliver)가 《휘파람 부는 사람》[18]에서 이야기했던 '우주가 우리에게 준 두 가지 선물, 사랑하는 힘과 질문하는 능력'을 잃어버린 채 살아간다. 그런데 여기에도 호기심 가득한 질문이 생긴다. 과연 사랑하는 힘과 질문하는 능력은 서로 다른 능력일까?

사랑하는 힘과 질문하는 능력은
동일하다

누군가를 사랑하는 사람, 자기 일을 사랑하는 사람의 공통점은 질문이 많다는 점이다. 내가 누군가를 사랑한다면 사랑하는 사람에 대해 온통 질문으로 하루를 보낸다. 집에 잘 들어갔는지, 추운데 잠은 잘 잤는지, 아침에 일어나 제대로 밥은 먹었는지 등 사랑은 온통 질문으로 장식된다. 사랑이 식어가는 시점에 이르면 질문도 사라진다. 그래서 〈한겨레신문〉의 기사 중 '정희진의 메모'라는 칼럼에서 말한 작가의 말에 나는 동의한다.

"사랑의 끝은 질문이 없어진 상태다."

---

18 《휘파람 부는 사람》메리 올리버(지음), 민승남(옮김). 마음산책(2015)

사랑이 식으면 질문도 없어진다. 사랑하는 힘과 질문하는 능력은 서로 다른 별개의 능력이 아니다. 한 가지 능력을 달리 표현했을 뿐이다. 사랑하는 힘과 질문하는 능력이 동일하다는 사실은 어떻게 알 수 있을까? 간단하게 다음 질문을 던져본다.

"당신은 직장인입니까, 장인입니까?"

서문에서 소개한 바처럼, 직장인은 월요일 아침 출근할 때 다리가 떨리지만 장인은 심장이 뛴다. 직장인은 자기 일을 사랑하지 않기 때문에 질문이 없어졌다. 틀에 박힌 방식대로 지난주와 다르지 않게 변함없이 일할 생각을 하니 다리가 떨리고 출근하기가 싫다. 장인은 자기 일을 조금 더 잘하기 위해서 질문을 멈추지 않는다. 자기 일을 너무 사랑하기 때문에 늘 어제보다 조금 더 잘하기 위해 애를 쓴다. 장인에게 직장은 언제나 자신을 설레게 만드는 놀이터다.

사랑은 혁명이다. 사랑하면 불가능도 가능해지고 한계에 도전한다. 사랑하면 장애물도 없어지고 걸림돌도 디딤돌로 바뀐다. 사랑은 불가능을 가능하게 만드는 혁명이 되는 이유다. 스스로 캐묻지 않으면 묻힌다. 소크라테스는 이런 말을 남겼다.

"캐묻지 않는 삶은 살 가치가 없다."

호기심을 갖고 파고드는 질문을 던져야 지금과 다른 낯선 세계로 들어가는 새 문이 열린다. 질문은 익숙한 세계에서 낯선 세계로 들어가는 관문이다. 질문이 관문(關門)을 바꾼다. 반문(反問)이 마침내 반전(反轉)을 일으킨다. 질문은 당연한 세계에 용기를 갖고 파고들어 가는 탐문(探問)의 시작이다. 질문은 익숙한 집단의 소속감에서 벗어나 낯선 세계로 진입하려는 용기 있는 결단이다. 잔잔한 호숫가에 던진 돌멩이의 무게에 따라 호수 위에 생기는 파장의 크기가 달라지듯, 내가 세상을 향해 던진 질문의 깊이가 내가 도달할 수 있는 앎의 깊이를 결정한다. 질문은 옳다고 믿었던 신념체계도 뒤흔든다. 그동안 내 신념을 정당화해준 지식(Knowledge)과 기술(Skill)과 태도(Attitude)를 지칭하는 KSA에 대해서도 문제를 제기하고 뒤집어야 한다. KSA를 뒤집으면 ASK가 되지 않던가! 시공간을 초월해 언제나 진리로 통용되는 지식과 기술과 태도는 존재하지 않는다. 끊임없이 질문을 던져 탐문하고 탐험해서 또 다른 신념체계를 만들어가야 한다.

자기 일을 사랑하는 사람은
목숨 걸고 일한다

　　　　　　　　　　　　　낙하산 공장 사장님의 이야기다. 이 사장님의 고민은 자기 회사에 장인보다 직장인이 많다는 점이다. 그리고 사장님의 진짜 고민은 아무리 노력해도 낙하산 불량률이 좀

처럼 떨어지지 않는다는 데에 있었다. 고심 끝에 사장님은 최첨단 경영혁신 기법을 회사에 도입했다. 불량률 거의 제로에 도전하는 불가능한 경영혁신 기법이었다. 그러나 직원들은 늘 그랬던 것처럼 또 혁신이구나! 하면서 비아냥거리며 혁신 불감증을 노골적으로 비판했다. 경영혁신 기법을 도입한 후 직원들의 퇴근 시간은 더욱 칼 같았다. 제도 도입 후 직원들은 퇴근 시간만 엿보다 정확히 시곗바늘이 6시에 이르면, 칼퇴근하기에 바빴다. 사장님은 고민이 점점 더 깊어졌다. 하지만 궁하면 통하는 궁즉통(窮卽通)의 원리는 예외가 없다는 걸 알게되었다. 낙하산 사장님은 비범하면서 놀라운 아이디어가 머릿속에 떠올랐다. 낙하산 사장님은 다음 날 출근하여 직원들에게 낙하산 불량률을 줄일 수 있는 획기적인 아이디어를 발표하고 곧바로 실행에 들어갔다.

"오늘부터 여러분이 만든 낙하산은 여러분이 직접 갖고 뛰어내리는 불량률 테스트를 합니다."

자신이 만든 낙하산을 메고 헬리콥터에 몸을 실은 직원들이 공중 낙하를 통해 낙하산 불량률을 테스트하는 순간, 놀라운 일이 벌어지기 시작했다. 그 순간부터 지금까지 불량률 제로 상태의 낙하산이 생산되고 있다는 후문이다.

열정은 지금 하는 일이 나의 일이고, 나는 내 삶의 주인공이라고 생각하는 주인정신에 비롯된다. 주인의식, 즉 오너십만 있다면 문제가 될 게 없음을 낙하산 회사의 불량률 이야기에서 볼 수 있다. 목숨 걸고 열정적으로 몰입하면 불가능한 일도 가능으로 바뀐다. 그렇다면 왜 대부분의 사람이 자기 일에 목숨을 걸지 않을까? 목숨을 걸지 않아도 된다고 생각하기 때문이다. 목숨 걸지 않고 적당히 다녀도 별일이 안 생기기 때문이다. 내 일이 아니라고 생각하니까 목숨 걸고 열정적으로 몰입하지 않는다. 자기 일을 사랑하는 낙하산 회사의 장인은 끊임없이 질문을 던지며 불량률을 줄이는 방법을 고민한다. 자기 일처럼 즐기면서 실수를 줄이고자 한다. 그러나 자기 일을 사랑하지 않는 평범한 직장인은 질문을 던지지 않고 틀에 박힌 방식으로 일한다. 자기 일을 사랑하지 않는 순간, 단순히 일하는 기계가 되어 어제와 다른 방법으로 추진하는 과정에 무관심하다.

또 하나의 우스갯소리로 어느 회사의 사장님이 이제 막 입사한 직원에게 '주인의식이 무엇이냐?'고 물었더니, '주인을 의식하는 거'라는 답이 돌아왔다고 한다. 똑같은 단어도 시대가 바뀌면 사전적 의미가 달라질 수 있다는 이야기일 것이다. 열정은 용광로에서 태어난다. 열정이 언제나 뜨거운 이유다. 뜨거운 수준을 넘어서 열정은 펄펄 끓는다. 그만큼 열정적인 사람 곁에 가면 뜨거운 기운이 느껴진다. 열정은 할 수 있다는 자신감과 될 수 있다는 가능성이라는 믿음 위에 피는 불꽃같은 의지다. 사업가라면 적어도 자신의 가슴 속에 열정의 불로 뜨거워진 용광로 하나쯤은 품고 있어야 할 것이다.

모범생이 아닌
문제아, 모험생으로 살아라

색다른 질문은 내가 원하는 결과를 끌어낸다. 가령 담배가 너무 피우고 싶은 흡연자가 하느님에게 이렇게 질문을 했다.

"하느님 기도를 하는 도중에 담배 좀 피워도 됩니까?"

하느님이 당연히 안 된다고 대답했다. 흡연자는 질문을 바꾸어 다시 하느님에게 여쭤봤다.

"하느님 혹시 담배 피우는 도중에 기도해도 됩니까?"

흡연자는 기어코 자신이 원하는 대답을 받아냈다. 우리가 원하는 정답이나 해답을 얻지 못하는 이유는 질문의 문제가 아닐 수도 있다. 영화 〈올드보이〉에는 질문에 대한 색다른 통찰을 담은 대사가 나온다.

"당신의 진짜 실수는 대답을 못 찾은 게 아냐. 자꾸 틀린 질문만 하니까 대답이 나올 리가 없잖아!"

우리는 어제와 비슷한 질문을 던져놓고 전혀 다른 답을 찾는다. 내가 얻고 싶은 대답을 바꾸고 싶다면 어제와 다른 질문을 던져야 한다. 질문은 낚시꾼이 물고기를 향해 던지는 낚싯바늘이나 그물과 같다. 낚싯바늘이나 그물에 걸리는 고기를 바꾸려면 낚싯바늘과 그물을 바꿔야 한다. 세상을 향해 던지는 질문의 그물이 바뀌어야 거기에 걸리는 대답도 바뀐다. 사업가는 어제와 늘 색다른 질문을 던져서 어제와 다른 답을 찾아 나서는 리더다.

4차 산업혁명이 본격 가속화되고 인공지능 기술이 발전하면서 정답을 찾는 능력은 이제 사람보다 기계나 인공지능이 더 빠르다. 주어진 문제에 대한 정답 찾기 능력은 우리가 지금까지 중점적으로 교육받아온 능력이다. 하지만 앞으로는 정답을 찾는 능력보다 정답을 쉽게 찾을 수 없는 질문이나 문제를 내는 능력이 더욱 중요해진다.

인공지능으로 창조되는 지식을 능가하려면 인간지성으로 지혜를 개발, 딜레마 상황에서 위기상황을 탈출하고 문제 상황을 이해하고 해석하는 교수-학습 방법이 필요하다. 이렇게 하기 위해서는 우선 호기심을 기반으로 질문하는 교육이 이루어져야 한다. 수동적으로 주어진 지식만 흡수하고 저장하는 은행 저금식 교육은 시대에 뒤떨어진 방법이다.

다가올 미래 사회에는 질문으로 새로운 관문을 열어가는 창의적 인재가 이끌어간다. 앉아서 대답하는 학생은 모범생이다. 모범생은 문제를 제기하거나 새로운 아이디어를 내기보다 주어진 상황에서 최선을 다하려고만 한다. 미래 사회의 인재상을 한 마디로 말하면 문제아(問題兒)다. 문제아는 주어진 문제의 정답을 빠르게 찾아내는 모범생이 아닌 누구도 던지지 않은 질문을 던진 후 그 답을 이전과 다르게 찾아가는 모험생이다. 답을 찾기 위해 기존의 관행을 답습하는 모범생과 다르게 문제아는 문제를 일으키고 파란을 불어오는 모험생이다.

대답(.)은 마침이지만, 질문(?)은 시작이다. 지시하고 가르치면 머리가 굳지만, 질문하고 함께 생각해보면 뇌가 비로소 머리를 쓰기 시작한다. 어느 중학교 한문 시험에 '백문(百聞)이 불여일견(不如一見)이라는 한자어의 뜻을 적으시오'라는 문제가 출제되었다. 한 학생이 '백 번 묻는 놈은 개만도 못 하다(百問而不如一犬)'라고 답을 적었다. 그렇게 대답한 학생에게 어떻게 그런 기발한 대답을 했냐고 물어보았다. 자신이 질문할 때마다 선생님이 자신을 개 취급하듯이 무시했다는 것이다.

많은 사람이 정형화된 틀에서 벗어난 대답을 하면 무조건 답이 아니라고 생각한다. 누가 어떤 기준으로 만들었는가에 의문을 던지지 않고 당연한 것으로 받아들인다. 주어진 문제에 대해 빠른 시간 안에 정답을 찾아내는 능력 만들기 중심의 교육은 미래가 없다. 이런 가르침은 정상 궤도에서 벗어나 다른 생각을 해볼 시간적 여유를 허락하지 않는다. 짧은 시간 안에 보다 많은 문제에 대한 정답을 찾아야 하기 때문이다. 도로 밖의 새 길을 걸어가면서 다른 가능성을 생각할 겨를이 없는 것이다. 문제를 4지선다형으로 출제하고 그중 하나의 정답을 찾는 교육은 사고능력이나 창의력을 길러주지 못한다.

이런 교육에 익숙한 사람들, 그리고 자신이 과거에 배운 교육이 옳고 전부라고 생각한다면 성공하는 사업가가 될 수 없다. 변화를 과감히 수용하고, 새로운 트렌드에 자신 생각과 몸을 노출시켜 익숙해져야 한다. 세상에 변하지 않는 건 없다. 흐름에 생각과 몸을 맡겨야 한다. 경직된 사고(思考)는 사고(事故)만 낼 뿐이다. 만약 여러분이 그간 모범생으로 살아왔다면, 오랜 시간 모범생으로 살아온 자신을 바라보며 흐뭇해 할 것이 아니다. 당연하다고 여겨지는 상식에 문제를 제기하는 문제아, 안락함 대신 미지의 세계로 탐험을 떠나는 모험가가 되어야 한다. 이 역시 성공하는 사업가가 갖추어야 할 덕목이다.

사업가는 문제 상황에서
학습자형 질문을 던진다

지금까지는 가르치는 대로 말 잘 듣고 따르는 모범생이 우리 사회를 대표하는 인재상이었다. 모범생은 주어진 문제의 정답을 가장 효율적으로 찾아내는 전문성을 지녔다고 여겨졌다. 학교는 모범생을 기르기 위해 잘 짜인 각본과 계획을 던져주고, 그 안에서 주어진 목표를 달성하는 효과적인 방법을 가르쳤다. 한 마디로 모범생은 말 잘 듣는 학생, 정해진 규칙과 규율을 잘 지키는 학생, 그리고 엉뚱한 발상을 되도록 삼가고 정상적인 사고의 틀에서 벗어나지 않는 학생이다.

주입식 교육이야말로 모범생을 길러내는 꽤 효과적인 방법이었다. 암기만 하면 다 되는 교수-학습방법이었다. 하지만 우리 사회가 길러야 할 미래 인재상은 모험생이다. 모험생은 미지의 세계로 위험을 무릅쓰고 도전하며 한계를 돌파하려는 탐구심이 풍부한 인재다. 모험생은 정해진 도로를 따라가는 'Fast Follower'가 아니라 없는 길을 개척해 스스로 길이 되어 전진하는 'Path Breaker'다. 'Fast Follower'로서의 사업자는 모범생에 가깝지만 'Path Breaker'로서의 사업가는 모험생에 가깝다. 이미 만들어진 안전한 도로 위에서 어제보다 효율적으로 사업을 관리하는 일에 중점을 두는 사업자에 비해 사업가는 어제와 다른 질문을 던져놓고 누구도 가보지 않은 위험한 길을 걸어간다.

두 가지 전혀 다른 질문이 전혀 다르게 위기를 극복하도록 만들어주기도 한다. 혁명적인 차이를 가져오는 두 가지 질문을 소개하겠다. 《삶을 변화시키는 질문의 기술》[19]의 저자 마릴리 애덤스(Marilee Adams)에 따르면, 질문에는 '심판자형 질문'과 '학습자형 질문'이 있다. 심판자형 질문은 문제가 발생하면 누구 때문에 이런 문제가 발생했고, 문제의 근본 원인 분석이나 대안 마련보다 문제를 일으킨 장본인을 찾아내 처벌하거나 질책하려는 목적으로 던지는 질문이다. 문책을 위한 트집을 잡는 데 중점을 둔 심판자형 질문은 아무리 질문을 던져도 상황이 나아지지 않는다. 오히려 당사자만 심리적으로 불안하게 만든다. 반면에 학습자형 질문은 문제가 이미 발생했음을 인정하고, 주어진 상황에서 벗어나기 위해 취할 수 있는 최선의 대안 마련에 집중한다. 어차피 발생한 문제를 빠르게 수용하고, 난국 돌파를 위한 대안 모색과 최선의 방책이 무엇인지를 찾기 위한 질문이다. 학습자형 질문이 사업가가 던져야 할 질문이다.

평범한 사업자는 지금 당장 문제를 해결하고 그 문제를 일으킨 사람을 찾아내 문책하고 싶은 마음만 앞선다. 하지만 사업자의 심판자형 질문은 상황을 개선하지 못하고 문제만 더 악화시킨다. 비범한 사업가는 언제든지 문제가 발생할 수 있다고 가정한다. 그리고 사업가

---

19 《삶을 변화시키는 질문의 기술》마릴리 애덤스(지음), 정명진(옮김). 김영사(2018)

는 문제를 일으킨 장본인을 찾아내 문책하고 심문하는 대신 상황 개선을 위한 최선의 대안 찾기에 나선다. 바로 학습자형 질문을 하는 것이다. 학습자형 질문은 위기를 반전시켜 문제의 상황에서 탈출하는데 유용하다. 비단 사업뿐 아니라 우리 실생활에서도 학습자형 질문이 인간관계를 원활하게 만들고, 문제 상황을 해결해준다. 얼마 전, 필자는 다음과 같은 경험을 했다.

나는 자전거 국토 완주 그랜드 슬램이라는 버킷리스트를 만들어 이를 달성하고 싶었다. 그 여정에 한 친구가 나와 동행했다. 우리는 섬진강 자전거 길을 종주하려고 동서울터미널에서 강진 행 버스를 탔다. 그런데 3시간 정도 지났으려나? 달리는 고속버스 안에서 친구가 심각한 표정으로 문제가 생겼다고 말했다. 전북 강진 행 버스를 타야 섬진강댐 자전거 출발을 위한 인증센터로 갈 수 있는데, 우리가 탄 버스는 전남 강진 행 버스라는 이야기였다. 순간적으로 심판자형 질문을 던질까 하다가 상황을 반전시켜 학습자형 질문을 던지기로 마음 먹었다. 어차피 문제가 발생한 이상, 내가 심판자형 질문을 던져 친구 잘못을 탓해 봐야 상황을 바꾸는 데에는 아무 도움이 안 된다고 판단했다. 자 그럼, 이 상황에서 우리가 취할 수 있는 최선의 대안은 무엇일까? 잠시 고민에 빠졌다. 그리고 우리는 고속버스 기사님을 설득해 '달리는 고속도로 중간 어디선가에서 내려달라고 부탁하자'는 대안에 의견을 모았다. 실제로 고속버스 기사님은 우리의 딱한 사정을 공

2021년 자전거 국토 완주 그랜드 슬램

감하시며 고속도로 위를 달리던 버스를 어느 톨게이트 입구에 세우고 우리가 안전하게 내릴 수 있도록 배려해주셨다. 심판자 질문보다 학습자형 질문을 던진 덕분에 우리는 고속도로를 안전하게 탈출, 섬진강 자전거 길을 종주할 수 있었다.

참고 동영상
당신은 직장인입니까, 장인입니까?
https://youtu.be/qdbNLqfBAuI

관련 참고도서
《삶을 변화시키는 질문의 기술》마릴리 애덤스(지음), 정명진(옮김). 김영사(2018)

사업가의 추진력
Working with Method

생각만 해본 사람은
당해본 사람을 못 당한다

NETWORK의

W

= Working with Method

사업가의 추진력은 어제와 다른 방법으로 실험하고 모색하며 색다른 방법을 부단히 개발하는 일이다. 색다른 방법은 책상에 앉아 사전에 기획하거나 계획한다고 만들어지지 않는다. 어떤 방법이 가장 효과적인지는 그 방법을 실제로 해봐야 알 수 있다. 앉아서 생각의 꼬리를 물고 검토를 거듭하며 생각만 해본 사람은 당해본 사람을 못 당한다. 사업가의 차별화는 사업가의 추진력에서 비롯된다. 사업가는 기존의 법을 철저히 지키면서도 법으로 한정할 수 없는 새로운 영역을 개척하는 데 관심이 많다. 사업가는 '법'대로 안 되면 난국을 돌파하는 색다른 '방법'을 개발하는 전문가다. 사업가는 법을 어기면서까지 새로운 방법을 개발하는 사람이 아니다. 색다른 방법을 개발함으로써 그걸 규제하게 만드는 법이 후속적으로 따라오도록 만드는 리더다. 어제와 다른 방법은 어제와 다르게 시도하는 가운데 나온다. 방법은 실행 이전의 계획 속에서 만들어지지 않고 실행 속에서 우연히 만들어진다.

타성에 젖어 살면
생각의 탄성을 잃어버린다

세상은 생각하는 사람이 바꾸지 않는다. 아무리 위대한 생각을 해도 실천으로 옮겨 세상의 변화를 이끌어내지 않으면 무용지물이다. 생각은 씨앗일 뿐이다. 씨앗은 이미 꽃을 품고 있고 그 꽃이 만들어낼 미래의 결실을 잉태하고 있다. 씨앗이 발아되지 않으면 씨앗의 존재 이유가 무용한 것처럼 생각도 행동으로 연결되어 실천적 결과를 창출하지 못하면 관념적 파편으로 전락한다. 아이디어가 아무리 풍부하고 좋아도 그 아이디어를 실행에 옮겨 변화를 끌어내지 못하면 아이디어로만 끝날 뿐이다.

생각이든 아이디어든 실행에 옮기지 않으면 발아되지 않고 썩어서 사라지는 씨앗과 다를 바 없다. 사업가는 풍부한 아이디어와 색다른 생각으로 세상을 변화시키려는 꿈을 꾸는 몽상가가 아니다. 사업가는 아이디어 제안자라기보다 작은 아이디어라도 과감한 실천을 통해 작은 변화가 일어날 수 있도록 힘쓰는 사람이다.

로댕의 〈생각하는 사람〉 조각 사진을 보여준 후, 사진을 감추고 방금 본 로댕의 작품과 똑같은 자세를 취해보라고 하면 과연 몇 사람이나 로댕과 똑같은 자세를 취할까? 대부분의 사람은 습관적으로 오른쪽 팔꿈치를 오른쪽 허벅지 위에 올려놓는다. 하지만 실제로 로댕의 〈생각하는 사람〉 조각은 오른쪽 팔꿈치가 왼쪽 허벅지 위에 올려놓은 모습이다. 그런데 실제로 이를 따라해 보면(오른쪽 팔꿈치가 왼쪽 허벅지 위에 올려놓고 생각하기) 동작이 쉽지 않다. 우선 배가 나온 사람은 쉽게 허리가 돌아가지 않아 오른쪽 팔꿈치를 왼쪽 허벅지 위에 올려놓기가 어렵다. 사람들은 로댕의 〈생각하는 사람〉을 수없이 봤다고 생각하지만 사실 생각 없이 봤다고 해야 옳다. 평소 이 작품을 봤더라도 그냥 대충 본 것이다. 대충 봤으니 대충 생각하고 로댕의 작품과 똑같은 포즈를 취하지 못하는 것이다. 인간의 몸에 사는 가장 큰 해충의 이름이 '대충'이다. 대충 보면서 대충 생각한다는 점을 보여주는 단적인 사례가 '로댕의 〈생각하는 사람〉과 같은 자세를 취해보는 실험'이다. 대충 봤으면서도 잘 봤다고 생각하지만, 사실은 유심히 관심을 갖고 관

로댕, 〈생각하는 사람〉 조각상(출처 : 위키피디아)

찰하지 않았기에 통찰을 불러오는 통렬한 생각이 만들어지지 않는다. 관심을 갖고 관찰해야 보이지 않는 관계가 눈에 들어오고, 패턴을 읽어낼 수 있다. 그리고 통찰력이 번갯불처럼 튀면서 다가오는 것이다.

한 여비서가 타자기를 열심히 두드리며 문서를 타이핑 중이다. 아날로그 시대의 필수품이었던 타자기는 종적을 감춘 지 오래다. 세상과 기술 변화에 부응해서 타자기는 이제 컴퓨터 키보드로 바뀌었다.

오랜 시간 타자기를 두드리던 여비서는 몸에 밴 타자 치는 습관을 못
버리고 급기야 일정 분량의 원고를 키보드로 타이핑한 후 왼손으로
컴퓨터 모니터를 오른쪽으로 밀어버린다. 순간 모니터는 바닥에 내동
댕이쳐졌다.

참고 동영상
타자 치는 습관을 버리지 못한 여비서
https://www.youtube.com/watch?v=Qd9pjU8kOYw

세상이 바뀌었지만, 아날로그 시대의 습관을 못 버리고 옛날 방식
을 기계적으로 반복하면 사고가 난다. 세상이 디지털 사회로 바뀌었
지만 사람들의 생각은 아날로그 방식에 머물러 있다. 웬만한 정신적
충격이나 물리적 손상으로 육체적인 고통이 따르지 않는 이상, 인간
은 과거에 했던 방식대로 생각하고 이를 반복한다. 타성과 고정관념
의 포로가 된다. 통념의 덫에 걸리면 웬만한 결단과 결행으로는 생각
을 바꾸기가 불가능해진다. 특히 나이가 들면 생각을 바꾸어 행동에
변화를 꾀하는 일이 더욱 어렵다.

습관적(習慣的)으로 반복하면 습관의 적(賊)에 지고 만다. 습관의
덫에 걸리지 않으려면 관성이 끌고 가려는 길에서 의도적으로 벗어나
고자 매일 노력해야 한다. 생각이 유연하다는 말이 곧 생각의 탄성이
다. 과거에 얽매여 타성에 젖어서 살면, 생각의 탄성이 만들어지지 않

는다. 특히 사업가라면 생각의 유연성이 중요한데, 타성에 찌든 낡은 생각 바꾸기, 떨어내기를 수시로 해야 한다. 새로운 사업 구상이 잘 어울리는 집은 기존에 경험했던 타성이 아니라, 지금껏 해보지 않은 새로운 생각이다.

상식을 믿으면
식상해진다

"높이 나는 새가 멀리 본다." 리처드 바크의 《갈매기의 꿈》에 나오는 명문이다. 그런데 실제로 갈매기는 근시(近視)라서 아무리 높이 날아도 멀리까지 볼 수 없다고 알려져 있다. 우리는 전문가나 권위 있는 사람들이 말한 것을 무조건 믿고 보는 성향이 있다. 특히 책에 나오는 명문은 한 치 의심도 없이 믿고 따르는 성향이 강하다. 진짜 나의 생각은 '과연 그럴까?'라고 의심을 품고, 남들이 당연하다고 주장해도 '그렇지 않을 수 있다'고 말할 때 만들어진다. 누구도 의심하지 않는 사실, '높이 나는 새가 멀리 본다'라는 말도 생물학자들이 '과연 그럴까?'라는 의문을 품고 조사한 결과, 갈매기는 근시라서 멀리 못 본다는 사실이 밝혀진 것이다. 전통이나 관례를 그대로 따르고 관습에 얽매여 관성대로 살아갈 때 생각은 틀에 박힌다.

인도에서 소를 신성시하는 걸 성우(聖牛)라고 한다. 힌두교에서 신성시하는 성우는 기업이나 조직에서 함부로 공격하거나 반대하여 없애면 안 될 통념이나 관행, 옳다고 믿는 신념체계, 가치관 등을 의미한다. 이런 통념은 우리 속담에도 있다. 너무 쉬워서 누구나 할 수 있다는 속담 '누워서 떡 먹기'라는 말이다. 과연 '누워서 떡 먹기'가 말처럼 쉬울까? 실제로 누워서 떡을 먹다가 기도가 막혀서 죽은 사람도 있다. '누워서 떡 먹기'는 말처럼 쉽지 않다. "상식이란 18세까지 습득한 편견의 집합이다."라고 밝힌 아인슈타인의 말을 곱씹어볼 필요가 있다.

농부가 농사를 짓고 있는데 토끼가 전속력으로 달려오다 나무 밑동에 와서 부딪쳐 죽는다. 토끼를 힘들이지 않고 얻은 농부는 성공체험을 버리지 않고 또다시 적용하고 싶은 충동이 생긴다. 농부는 그동안 힘겹게 해온 농사를 그만두고 나무 밑동만 유심히 쳐다본다. 토끼가 다시 올 것이라는 가정을 믿고 기다리는 것이다. 인간은 한 번 성공한 체험을 잊지 않고 상황이 바뀌었음에도 어리석게 다른 상황에 반복적으로 적용하려는 존재다. 이런 사람을 일컬어 비유하는 사자성어가 수주대토(守株待兎)다. 아놀드 토인비가 이야기한 휴브리스 (Hubris)라는 말과 일맥상통한다. 휴브리스는 과거에 성공했던 사람이 자신의 능력과 방법을 우상화함으로써 오류에 빠진다는 뜻이다. 일종의 성공체험의 덫인 셈이다. 사람은 한 번 성공하면 성공한 방식대로 생각을 반복하려는 욕망을 갖고 있다. 성공체험은 성공을 언제 어떤 상황에서 했는지가 중요하다. 특정한 상황에서의 성공체험을 다른 상황에 일반화시켜 적용할 때 위험해진다. 왜냐하면 성공을 일으킨 상황과 거기서 얻은 교훈을 적용하려는 상황은 여러 가지 점에서 다르기 때문이다. 사람의 생각이 습관의 덫에 걸리는 이유는 과거의 방식을 반복하려는 습성에서 비롯된다. 과거에 거둔 성공대로 하면 성공할 거라는 어리석은 믿음은 폐기해야 할 틀에 박힌 교훈이다.

마주침이 없으면
깨우침도 없다

회식이 일찍 끝난 남편이 평소와 달리 집에 일찍 귀가했는데 아내가 없는 상황을 가정해보자. 아내가 집에 있을 때보다 집에 없는 상황이 남편에게는 낯선 마주침이다. 사람은 낯선 마주침이 생기면 이전과 다르게 생각하기 시작한다. 남편에게 아내가 집에 없는 상황은 전혀 다른 의미로 해석하도록 만드는 색다른 마주침이자 사건이다. 아내가 집에 없는 현상, 사건은 남편에게 낯설게 다가오는 기호다.

우리가 공부하는 과정은 나한테 다가오는 낯선 기호를 해석하는 과정이다. 기호를 품은 사건은 주로 들뢰즈와 가타리가《천 개의 고원》[20]에서 말하는 '아장스망(agencement)'일 때 발생한다. 아장스망은 영어의 배치(arrangement)라는 말로 번역할 수 있는데, 기존 사물의 낯선 조합과 우연한 마주침으로 인한 낯선 환경이다. 아장스망이 바뀌지 않으면 낯선 마주침도 발생하지 않고 낯선 마주침이 없으면 색다른 깨우침도 발생하지 않는다. 결국 아장스망은 낯선 사유가 잉태되는 색다른 배치다.

우리 일상에서 늘 경험하는 하나의 사례를 통해 아장스망이라는 개념을 좀 더 쉽게 설명한다. 막걸리라는 단어를 생각하면 퍼뜩 떠오르는 단어나 이미지가 있는가? 그건 무엇인가? 사람들은 막걸리 안주로 대부분 파전을 먹고, 또 막걸리는 비 오는 날 마시고 싶은 생각이 몰려든다. 등산을 하고 내려와서 막걸리를 마시는 경우도 흔하다. 그렇다면 막걸리라는 단어를 들을 때 떠오르는 단어는 '파전', '비 오는 날', '등산' 등이다. 그 이유는 막걸리와 관련된 아장스망이 바뀌지 않기 때문이다. 막걸리는 늘 파전, 비오는 날, 등산 등의 단어와 동일한 곳에 배치되어 있다. 학생들에게 막걸리에 대한 글을 써보라고 A4 용지 한 장씩 나눠주고 10분 정도 시간을 준 적이 있다. 학생들의 답은 거의 비슷했다. 비가 내리는 날, 막걸리에 파전을 곁들여 함께 먹었거나, 등산 후 막걸리를 마셔본 경험 일색이다. 식상함에서 벗어난 글을

---

20 《천 개의 고원》질 들뢰즈, 펠릭스 가타리(공저), 김재인(옮김), 새물결(2001)

쓰는 학생이 드문 이유가 무엇일까? 막걸리에 대한 아장스망이 바뀌지 않아서 그렇다.

막걸리에 대해 새로운 연상을 하고 싶다면, 막걸리를 과거와 다른 방법으로 마셔야 한다. 가령, 새벽에 일어나 출근하기 전 빈속에 막걸리를 2~3병 마시고 취해본다. 술에 취했으니 회사에 못 가는 사고를 친다. 출근을 못 한 아픔의 경험이 생긴 것이다. 이제 막걸리를 떠올릴 때 연상되는 단어로 새벽이 생각날 것이다. 막걸리를 새벽에 마시다 출근조차 못한 아픔이라는 새로운 스토리가 연상되는 이유는 막걸리에 대한 아장스망이 바뀌었기 때문이다. 막걸리는 늘 '비 오는 날-파전-등산'이라는 배치를 떠난 적이 없었는데, 막걸리를 새벽에 마시면서 안주로 스테이크를 먹었다면, 세계 최초로 '막걸리-새벽-스테이크-결근 사고'라는 아장스망이 생긴다. 막걸리에 대해 이전과 전혀 다른 글을 쓸 수 있는 원동력도 결국 막걸리가 늘 만나서 만드는 배치, 아장스망이 바뀌었기 때문이다.

막걸리에 대한 새로운 상상력은 막걸리와 늘 어울려 다니는 익숙한 배치를 바꾸지 않으면 만들어지지 않는다. 만나 어울려 다니던 익숙한 배치를 바꾸어야 새로운 상상력이 만들어진다. 가치 창조는 배치의 재조합에서 비롯된다는 것이 아장스망의 위력이다. 앞에서 예로 든 퇴근했더니 집에 없는 아내 이야기를 아장스망이라는 개념과 연결해 생각하면 흥미롭다. 집-아내라는 배치는 늘 동일함이 반복되는 배치다. 그런데 어느 날 남편은 모처럼 집에 일찍 가봤더니 당연히 있어야 할 아내가 집에 없다는 사실을 발견한다. 남편에게는 낯선 상황이고 해석되어야 할 새로운 기호가 남편에게 신호를 주는 상황이다. 남편은 집에 없는 아내라는 현상이 던져주는 기호의 의미를 해석할 것이다. 집에 아내가 없다는 이야기, 특히 아무 연락도 없이 아내가 없는 낯선 상황, 즉 아장스망이 새로운 생각을 잉태하게 만드는 원동력으로 작용한다. 집에 없는 아내는 과연 어디에 있는 걸까?

딴짓을 해봐야
딴생각을 할 수 있다

옛날 옛적에 딴씨 집안의 5형제가 살고 있었다. 첫째는 '딴생각'이고, 둘째는 '딴짓'이다. 그리고 셋째가 '딴전', 넷째는 '딴죽', 막내가 '딴말'이다. 첫째, '딴생각'은 언제나 형제들의 생각과는 판이하게 다른 생각, 생각지도 못한 생각을 하면서 정상적인 사람들의 의견에 다른 생각을 제시하면서 돌발 행동을 한다. 둘째, '딴짓'은 형제들과 무슨 일을 할 때마다 그 일에 몰입하지 않고 언제나 다른 일을 하면서 자기 세계에 빠져 살아간다. '딴짓'은 첫째가 하는 딴생각만 하는 게 아니라 딴생각을 근간으로 보통 사람들이 생각하기 어려운 딴짓을 즐기면서 언제나 삶을 즐겁게 살아간다.

셋째 '딴전'은 하루를 엉뚱한 짓으로 시작해 엉뚱한 짓으로 끝을 맺는다. 본래 딴전은 '다른(딴)' '전'에서 온 말을 의미한다.[21]

넷째 '딴죽'은 언제나 남의 말에 시비 걸기를 즐긴다. 딴죽이라는 말은 본래 씨름이나 택견에서 발로 상대편 다리를 옆으로 치거나 끌어당겨 넘어뜨리는 기술을 뜻한다. 이미 동의하거나 약속한 일에 대하여 '딴전' 부림을 비유적으로 이르는 말이다. 딴죽은 누군가 죽을 먹고 있으면 '왜 그 죽을 먹느냐, 다른 죽은 왜 안 먹느냐?'며 계속 딴죽을 건다. 딴죽은 형제들끼리 약속해놓은 것도 일방적으로 지키지 않고 딴죽을 치기 일쑤여서 형제 사이에서도 왕따를 자주 당하는 편이다. 막내, '딴말'은 딴소리를 자주 해서 붙은 이름이다. 딴소리란 주어진 상황과 상관없는 말 또는 미리 정해진 것이나 본뜻에 어긋나는 말을 지칭한다. '딴말'도 형제간의 신뢰를 무너뜨려 우애를 해치는 주범으로 낙인찍히고 있다. 딴생각을 하면서 세상 사람들이 놀랄 만한 딴짓을 할지언정 딴전을 피우거나 딴죽을 걸며 딴말이나 딴소리를 하면서 욕을 얻어먹어서는 안 된다.

---

21 여기서 '전'이란 물건을 사고파는 가게를 말한다. 가령 쌀가게를 '싸전'이라고 부르고 우시장을 '쇠전'이라고 부른 것에서 '전'의 의미를 반추할 수 있다. 자기의 '전'은 뒷전인 채, 즉 자기 장사는 안 하고 남의 '전'이나 봐주며 다른 장소에 가서 다른 짓을 하는 행동을 일컬어 '다른 전을 본다'고 말한 데서 유래했다. 이 뜻이 조금 달라져 무슨 어떤 일에서 아무 상관 없다는 듯 딴말이나 엉뚱한 말을 할 경우 '딴전 부린다' 또는 '딴전 피운다'고 표현한다.

사업가의 딴생각은 딴짓이 낳은 자식이다. 사업가는 생각을 바꾸어서 행동을 바꾸기보다 행동을 바꾸어 생각을 바꾸는 혁명가다. 딴짓을 하지 않으면 딴생각이 생기지 않는다. 그러나 우리는 지금까지 생각을 바꾸어 행동을 바꾸라는 교육을 받아왔다. 그렇지만 나이가 들수록 생각을 바꾸어 행동을 바꾸기란 불가능에 가까움을 몸소 체험한다. 낯선 체험적 자극을 의도적으로 받지 않으면, 잠자는 생각 세포를 흔들어 깨울 가능성이 희박해진다. 결국 딴짓이 다른 생각을 낳는다는 걸 다시 한번 강조하고 싶었다.

사업가는 법전문가가 아니라
방법개발 전문가다

법은 과거 지향적이지만 방법은 미래 지향적이다. 법은 책상에서 만들 수 있어도 방법은 반드시 몸을 던져 어제와 다른 방식으로 도전하는 가운데 색다른 방법이 나타난다. 방법은 행동하기 전에 머리로 계획을 세워 만드는 것이 아니다. 스스로 직접 실천하는 가운데 나도 모르게 부각된다. 사업가는 법전문가를 넘어선 방법개발 전문가다. 법은 법학을 전공한 전문가가 연구하고 입법기관인 국회에서 만들어진다. 그러나 방법은 실천을 통해 세상을 변화시키는 현장 전문가가 만든다. 사업가 역시 현장에서 현실과 만나 가장 이상적인 대안을 몸으로 체득하는 실천가다.

"방법을 가지고 쓰는 것이 아니라 정말 쓰고 싶어 하면 손이 움직인다.
대상이, 상황이, 문제가 길을 알려준다…방법은 실행 속에 있다."

이영광의 《나는 지구에 돈 벌러 오지 않았다》[22]에 나오는 말이다.
방법을 알아서 글을 쓰는 게 아닌 글을 쓰다 보면 방법이 생긴다. 마
찬가지로 사업가의 전략도 사업을 실천에 옮기기 전에 완벽한 방법을
구상해서 만드는 것이 아니다. 수많은 시행착오를 경험하며 더 좋은
방법이 드러나는 것이다.

목표가 설정되면 목표 달성에 적합한 방법을 사전에 구상하는 게
아니라 다양한 방법으로 시도하다 보면 목표 달성에 가장 효과적인
방법이 부각된다. 방법은 실행하기 전에 책상에서 구상하는 노하우가
아니다. 방법은 오로지 실행하는 가운데 생각지도 못한 깨달음과 함
께 떠오른다. 그리고 방법은 행동하기 전에 찾는 묘안이 아니다. 행동
하다 보면 떠오르는 대안이다.

"책상에서는 한 가지이지만 실제로 일해 보면 열 가지도 넘습니다.
머리는 하나지만 손가락은 열 개나 되잖아요."

위의 말은 신영복의 《강의》[23]에 나오는 말이다. 책상머리에서 생각
을 아무리 해봐야 나오는 아이디어가 뻔하다. 하지만 현장에서 손발을

---

22 《나는 지구에 돈 벌러 오지 않았다》 이영광. 이불(2015)
23 《강의》 신영복. 돌베개(2004)

움직여 실천하면 열 가지도 넘는 다양한 아이디어가 샘솟는다. 역시 색다른 방법은 직접 실천하는 가운데 우연한 기회에 갑자기 부각된다.

이번에는 은유 작가의 《글쓰기의 최전선》[24]에 나오는 말을 하나 더 살펴보자.

> "일단 내 앞에 있는 조잡한 도구로 시작하라,
> 망치로 삽을 만들면 삽으로 사과나무를 심고
> 사과 열매를 팔면 책을 살 수 있다.
> 시작해야 능력의 확장이 일어난다."

비범한 사업가는 사업학 개론을 쓰거나 개론대로 실천하는 사람이 아니다. 사업이 전개되는 구체적인 맥락을 무시한 채 추상적인 언어로 일반화시켜 보편적으로 적용할 수 있는 사업학 개론은 단순히 참고서일 뿐이다. 저마다 다른 상황에서 사업을 펼치는 실전에서는 사업학 개론이 큰 도움이 되지 못한다. 무릇 사업가라면, 머릿속 이론가에서 벗어나 현장 속 실천가로 살아야 한다.

참고 동영상
세상을 이끌어갈 전문가는 '법전문가'가 아니라 '방법개발 전문가'
https://youtu.be/COuABJwgcw8

관련 참고도서
《체인지(體仁智)》유영만. 위너스북(2018)

---

24 《글쓰기의 최전선》은유. 메멘토(2015)

05

사업가의 상상력
Open you Imagination

정상(頂上)에 오른 사람이
정상(正常)이 아니다

NETWORK의

O

= Open you Imagination

　　　　　　　　　　상상력의 날개를 펴고 일상에서
비상하는 전략을 구상하는 사업가가 돼라. 그러니까 상상력을 동원하
라. 정상적인 사람은 정상적인 방법만 옳다고 믿는다. 정상적인 사람
의 한계는 정상적인 방법으로 넘어설 수 없다. 정상을 뛰어넘는 비정
상적인 상상력이 필요하다. 저마다 경지에 오른 사람, 각 분야에서 하
나의 획을 그은 사람들의 공통점은 정상적인 방법으로 생각, 행동하

지 않았다는 점이다. 그들은 하나같이 비정상적으로 생각하고 행동한다.

정상(頂上)에 오른 사람이 정상(正常)이 아닌 이유다. 사업가는 기존 지식에 얽매이지 않고 논리와 합리의 세계를 초월하는 색다른 발상을 시도한다. 하지만 이런 상상력은 타인의 아픔을 가슴으로 사랑하는 공감 능력이나 감수성이 기반되어야 발현된다. 즉, 상상력은 밑도 끝도 없는 뜬구름 잡는 이야기가 아니라 타인의 아픔을 치유하기 위해서 발휘되는 이연연상(二連聯想, 두 가지 이상의 이질적인 것을 연결해 새로운 아이디어를 얻는 능력)이 있어야 발휘된다. 정상에 가고 싶은가? 그렇다면 정상적인 사람과 어울리지 마라. 정상에는 정상적인 사람이 없다!

정상에 가고 싶으면
정상적인 사람과 어울리지 마라

언젠가 WELDER라는 시계의 아이디어가 독특해서 눈여겨본 적이 있다. 그런데 최근에 좀 더 세련된 디자인의 시계가 출시되어 아들이 나의 생일 선물로 사줬다. 이 시계를 갖고 싶었던 이유는 역발상으로 사람의 마음을 움직이기 때문이었다. 이 시계의 설립연도를 알려주는 문구가 'since 2075'다. 우리가 배운 정상적인 영문법이라면 since 뒤에 과거 시제가 와야 하지만 이

시계는 미래 시제를 썼다. 시간을 거슬러 올라가면서 시간을 용접(The Welding of Time)하겠다는 도발적인 발상이 마음에 들었다. 날짜와 시간 조정 버튼도 바깥이 아닌 안쪽에 있다. 역시 역발상이고 비정상적이다. 실제로 시계를 용접으로 만든다고 한다. 소비자가 주문하면 예전에는 용접공 공구 박스에 담아서 보내주었다. 정밀함과 섬세함으로 승부하는 시계 산업에 터프한 이미지로 전혀 다른 발상을 불러일으킨다. 역발상으로 승부수를 띄우는 전형적인 사례다. 이처럼 정상(頂上)에 오른 누군가는 정상(正常)이 아님을 실감한다.

　사업가는 정상에 가는 게 목표가 아니다. 비정상적인 방법으로 정상까지 가는 즐거움을 만끽하는 사람이 사업가다. 정상은 그 위치에 도달한 정적인 상태의 명사, 즉 정상은 지금 이 시점에서 정상일 뿐이다. 정상은 늘 또 다른 사람에게 정복당할 위험에 처한 과정에 있는 미완성 개념이다. 그래서 정상은 끊임없이 오르기 위해 어제와 다르게 노력하는 사람에게만 자리를 내주는 동적인 상태, 즉 동사다. 정상은 그곳에 도달하기 위한 목적지로서의 가치보다 그곳에 어제와 다르게 도전하는 사람이 즐기는 과정으로서의 가치가 더 소중하다. 사업자는 남과 비교해서 보다 빨리 정상에 도달하려고 애쓰지만, 사업가는 남과 다른 방법으로 이전과 차원이 다른 정상에 도달함으로써 혁신적인 가치를 창조한다. 똑같이 정상에 도달했어도 도달한 결과를 중시하느냐, 도달하는 과정에서 배우고 깨닫는 즐거움을 만끽하느냐에 따라 또 다른 정상을 지속적으로 만들어낼 수 있는 역량의 차이가 나타난다. 정상에 도달하면 모든 게 끝났다고 생각하는 사업자보다 정상에 도달하는 여정이 영원한 미완성이라고 생각하는 사업가의 길을 걷자. 쉼 없이 어제와 다른 방법으로, 이전과 다른 정상을 상상하는 사업가의 세계는 출발부터 다르다.

정상적인 방법으로는
정상에 갈 수 없다

　　　　　　　　　　　　　정상에 오른 사람은 비정상이다. 유명한 이야기지만 과거에 정상적인 높이뛰기 선수는 모두 앞으로 넘었다. 앞으로 넘는 사람들의 한계는 2미터 높이였다. 그런데 어느 날 그 한계에 도전하는 사람이 나타났다. 도전하기 전에 한계를 두지 않고 한계에 도전하는 방법은 비정상적이다.

　1968면 멕시코 올림픽 당시 듣도 보도 못한 비정상적인 방법으로 뒤로 넘는 높이뛰기 선수가 나타나 정상을 차지했다. 그가 바로 높이뛰기의 전설, 리처드 더글러스 딕 포스베리(Richard Douglas Dick Fosbury)다. 그의 이름을 따 지금은 포스베리 플롭 기법, 우리 말로 배면 뛰기가 높이뛰기의 정석, 상식이 되었다. 비정상이어야 정상에 도달할 수 있다는 사실을 확인할 수 있는 대표적인 사례다.

　딕 포스베리가 처음 뒤로 넘었을 때 몇몇 사람은 딕 포스베리를 가

리켜 상식에 반한 몰상식한 사람, 정상에 시비를 거는 비정상적인 사람이라고 비난했다. 하지만 대부분의 사람은 생각지도 못한 방법이라고 놀라워했다.

정상(頂上)에 오른 딕 포스베리는 분명 정상(正常)이 아니었다. 만약 딕 포스베리도 정상적인 사람처럼 정상적(正常的)인 방법으로 정상(頂上)에 도전했다면 정상(頂上)을 절대 정복할 수 없었을 것이다. 정상을 정복한 사람은 공통적으로 비정상이다. 생각지도 못한 비정상적인 생각은 생각지도 못한 많은 일을 저지르고 당했을 때 비로소 잉태된다.

정상적인 사람들의 발상은 인간의 신체구조상 2미터를 절대 넘을 수 없다고 생각했다. 정상적인 사람들은 정상분포 곡선에 갇혀서 정상적인 사유와 상식, 그리고 타성과 고정관념에 얽매여 산다. 딕 포스베리 선수 덕분에 인간의 높이뛰기 한계는 2미터보다 훨씬 높아졌다. 딕 포스베리처럼 정상에 가고자 한다면 극히 비정상이어야 한다. 비정상이 정상으로 가는 길이다. 그리고 정상에 가고 싶다면 정상적인 사람과 어울려선 안 된다. 정상적인 사람과 어울릴수록 정상에서 멀어진다.

몰상식한 사람이
상식을 뒤집어 식상하지 않다

'몰상식'한 사람이 '상식'을 뒤집는다. 그렇지 않으면 '상식'이 뒤집혀 '식상'해진다. 사과 10개 중 3개를 먹으면 몇 개 남을까? 어떤 학생이 손을 들고 자신 있게 대답한다. 3개가 남는다고… 학생은 호기롭게 '먹는 게 남는 거'라고 엄마가 말씀하셨다고 밝힌다. 사과 10개 중 3개를 먹으면 3개 남는다고 답한 학생은 선생님에게 꾸중을 듣고, 급기야 학생의 엄마는 사태 수습을 위해 학교까지 찾아온다. 아이가 비정상이라고 말하는 선생님의 말씀에 당황한 엄마는 아이를 야단치고 '10-3=7'이라는 꽤 정상적인 답을 쓰고 나서야 아이를 데리고 집으로 돌아왔다. 학교를 오래 다닐수록 비정상적인 발상을 되도록 삼가고 좌뇌로 논리적 훈련을 쌓는다. 우뇌를 통해 상상력을 발휘하면서 기대 밖의 대답을 하면 비정상적인 아이로 낙인 찍힌다.

좌뇌로 논리적인 사고만 하도록 훈련받은 우리는 우뇌의 밖에서 뜻밖의 상상력을 발휘하는 방법을 배워본 적이 거의 없다. 틀 밖의 사유를 하면 비정상적인 사람이 되어 심한 질책이나 비난, 조롱을 받기도 한다. 대부분의 사람이 지극히 정상적인 사유에서 못 벗어나는 이유는 학교를 오래 다녔기 때문이다! 학교는 비정상인을 정상인으로 바꿔주는 공장이나 다름없다.

"전대미문의 새로운 아이디어를 내면
사람들은 처음에 무시(ignore)합니다.
그리고 참을 수 없는 조소와 조롱을 보내고
서서히 세상을 움직이는 화두로 바뀌면서,
저항(fight)하는 사람이 나타납니다.
마침내 내가 세상을 이끄는(win) 사람으로 주목받습니다."

마하트마 간디의 말이다. 세상을 바꿀 아이디어도 처음에는 '그것도 아이디어냐?'라는 비난과 조롱을 받기 일쑤다. 상식적인 사람이 볼 때 몰상식하다고 판단되기 때문이다. 그러나 조금만 견디고 참으면 '몰상식'의 '몰'자가 떨어져 나가면서 세상의 '상식'으로 인정된다. 사람들은 상식을 좋아하지만 상식에 젖어 살다가는 상식이 뒤집혀 식상해진다. 상식이 식상해지기 전에 몰상식한 반란과 도전을 해보자. 정상(頂上)에 오른 사람은 몰상식(沒常識)했고 비정상(非正常)이었다.

다음 페이지의 그림은 오래 전 한 초등학생이 그린 세계지도다. 실현 불가능한 상상을 했다고 야단을 치면 아이의 상상력은 그 자리에서 멈춘다. 비록 엉뚱해 보이지만 엉뚱한 상상력이 세상을 뒤집는 역발상의 시작이며, 창조의 원동력이다.

오리지널 세계지도에서 나라 이름을 다 지운 뒤, 우리나라 섬 이름으로 채운 아이의 상상력은 어리석지 않다. 어리석은 건 상식에서 못 벗어난 어른들의 고정관념이다. 아이의 상상력을 가로막는 장애는 어

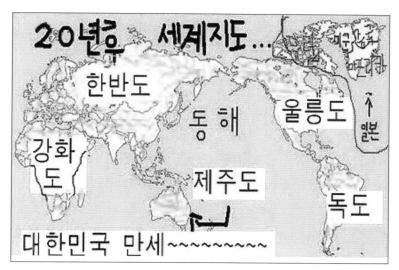

어느 초등학생의 세계지도

른들의 틀에 박힌 생각이다. 이 지도를 트위터에 올렸더니 한 어른이 심각한 반론으로 이런 말을 남겼다.

> "영토 확장은 꿈이 아니다. 제국주의적 발상이다. 어린이에게 이런
> 지도를 그리도록 내버려 두어서는 안 된다."

참으로 안타깝기 짝이 없는 어른의 생각이다. 이 지도를 그린 어린이가 과연 제국주의적 발상을 갖고 영토 확장의 꿈으로 그렸을까? 어리석은 어른의 생각이 부끄러웠다.

사업가의 한계는
상상력의 한계다

상상은 생각 너머의 생각을 지향하고, 자유롭게 영혼의 이미지를 그리는 과정이다. 예술가가 상상하면, 판사는 논리적 잣대를 들이대면서 안 된다고 판결을 내린다. 예술가의 상상력이 꽃을 피워보지도 못한 채 시들어버린다.

인류의 한계는 상상력의 한계다. 아울러 사업가의 상상력 수준이 사업의 수준이기도 하다. 사업을 통해 세상을 바꾸는 변화와 혁신의 수준을 결정한다. 사업가는 한계를 뛰어넘어 새로운 가능성에 도전한다. 많은 사람이 생각하는 정상적인 생각에 안주하지 않는다. 한계에 도전하는 사업가의 상상력이야말로 한계를 넘어 불가능을 지향하는 지렛대 역할을 한다. 사업가가 이전과 다르게 상상하면 시간이 문제이긴 해도 언젠가는 현실이 된다. 상상하면 미래 모습이 바뀐다.

지금 나의 모습은 내가 과거에 상상한 그 모습 그대로다. 나를 바꾸고 우리를 바꾸려면 나와 우리의 미래에 대한 상상을 바꿔야 한다. 사업가는 자신이 꿈꾸는 미래를 매일 이미지로 상상하며 미래가 현실로 구현될 수 있는 다양한 조치를 취한다. 머릿속으로 그리워한 미래의 크기에 따라 내가 그리워한 미래만큼 현실이 되어 다가온다. 그림은 그리워하는 것을 그린 결과 탄생한 작품이다. 사업가가 꿈꾸는 미래의 비전(vision) 역시 그것이 이루어졌을 때의 모습을 상상하면서 시각화(visualization)시킨 결과다.

　세상을 뒤집어엎는 사람들의 공통점은 정상적인 사람의 상식과 통념에 시비를 걸고 비정상적인 문제제기를 통해 새로운 세상을 열었다는 데에 있다. 이들은 타성과 고정관념, 세상 사람들이 당연하다고 생각하는 상식을 뒤집어서 상상력을 발휘한다. 논리적인 잣대로 안 된다고 누군가 말해도 아랑곳하지 않는다. 상식과 통념에서 벗어나 틀밖에서 뜻밖의 생각의 샘물을 길어 올리고자 노력해보자. 익숙한 세계 속에서도 낯선 사유를 즐겨보자. 아인슈타인의 이야기를 하나 더 소개한다.

"논리적인 사람은 정해진 목적지 A에서 B로 갈 수 있다,
상상력이 풍부한 사람은 가고 싶은 곳 어디든 갈 수 있다."

　비정상적인 사람이 몰상식한 아이디어를 내면 정상적인 사람은 상식적이지 않다고 거부하거나 반대의사를 표시한다. 하지만 몰상식한 아이디어는 점차 정상적인 사람들의 상식이 되고, 시간이 흐르면서 상식이 뒤집혀 식상해진다. 사업가는 언제나 세상과 외로운 싸움을 하며 상식적이고 정상적인 사람들의 지루한 반대에 부딪힌다. 그러나 뜻을 굽히지 않고 결국 자신이 원하는 상상대로 세상을 바꾸어간다. 그것이 사업자와 사업가의 차이다. 사업자는 지금 당장 돈이 되지 않으면 작은 반대와 저항에도 쉽게 뜻을 굽히고 편한 노선을 선택

한다. 그러나 사업가는 지금 당장 자신에게 손해가 될지언정 보다 큰 그림을 그리며 멋진 사업세계를 상상하고 실천한다. 누구나 다 좋다고 말하는 아이디어는 아이디어가 아니다. 이미 어디서 실현되고 있거나 사람들에게 많이 알려진 아이디어일 가능성이 높다. 엉뚱한 상상이 세상을 선도하는 아이디어가 된다.

타인의 아픔을 가슴으로 사랑하는 사람이
세상을 바꾼다

상상력은 타자의 아픔을 치유하기 위해 아이디어를 내는 이연연상이다. 만약 어떤 누군가의 아픔을 목격했다면, 그 아픔을 어떻게 치유해줄지 고민하며 밤잠 안 자고 이질적인 두 가지 이상을 연결해 다양한 상상력의 날개를 펴본다.

다음은 알람시계와 관련된 타자의 아픔을 치유하기 위한 실제 이야기다. 상상력으로 설계한 다양한 알람시계가 있다. 알람시계와 고객이 만나는 접점에서 고객이 느끼는 불편함, 불안감, 불만족스러움을 포착한 사람이 어떻게 하면 고객들을 알람 시간에 맞추어 깨울 수 있을지를 고민한다. 첫 번째는 알람이 울리면 퍼즐이 풀리는 데 정신 바짝 차리고 풀렸던 퍼즐을 다시 원상태로 복귀시켜야만 알람이 꺼지는 시계다. 퍼즐을 정확히 맞추려면 잠자리에서 일어나는 수밖에 없다. 또 다른 상상력은 늦잠을 자면 자신이 싫어하는 단체로 돈이 출금되는 알람시계다. 내가 잠을 자는 사이에 돈이 계속 빠져나가는데 잠이 올까? 벌떡 잠이 깰 것이다. 이런 알람시계를 만들겠다는 사람들의 발상이 참 재미있다. 사람들이 가진 저마다의 아픔을 사랑하는 공감 능력, 그리고 상상력이 더해지면 재미있고 다양한 아이디어가 놀라운 결과로 나타난다.

참고 동영상
잠에서 깰 수밖에 없는 놀라운 알람시계 TOP 10
https://youtu.be/hSXnVFhpexg

남자들은 아침에 면도하는 일이 귀찮다. 면도가 귀찮은 남자들의 아픔을 포착한 어떤 사람이 남자들의 아픔을 치유하기 위해 혁신적인 면도기를 개발했다. 기계가 돌려주는 데로 한 바퀴 돌면 면도도 되고 이발도 되는 혁신적인 면도기다. 여성들 역시 아침에 출근할 때 화장이 귀찮은 일이다. 화장하기 귀찮은 여성들의 아픔을 동감한 어떤 사람이 혁신적인 화장품을 개발했다. 스탬프처럼 얼굴에 찍으면 화장을 마치고 바로 출근할 수 있게 된 것이다. 이런 걸 장난기로 치부할 게 아니라, 저런 생각을 해낸 사람들의 발상력에 관심을 가질 필요가 있다. 화장하기 귀찮은 여성들의 아픔을 포착한 누군가가 그 아픔을 치유하려면 어떻게 해야 좋을지 고민하고 다양한 아이디어를 실험한 끝에 마침내 혁신적인 화장품을 개발한 것이다. 이처럼 사업가는 고객의 아픔을 사랑하는 사람이다. 사랑하면 혁명이 일어난다! 타인의 아픔을 사랑하면 그 아픔을 치유하기 위해 어떤 조치를 해야 좋을지 계속 질문을 던진다. 그런 질문이 전대미문의 새 제품과 서비스를 만들어내는 원동력이다.

타인을 마음으로 이해할 때
생각지도 못한 발상이 생긴다

나는 공업고등학교에 다니면서 용접을 했다. 고등학교 2학년 때 마지막 희망이던 어머니가 돌아가셨다. 이후 나는 극심한 외로움을 버텨내고자 어린 나이에 소주를 마시기 시작했다. 그 와중에 후배 구타 사건으로 무기정학도 맞았고, 기숙사 저녁점호가 끝나면 개포동 달밤을 배경으로 소주를 더욱 많이 마시기 시작했다. 소주는 나의 암울했던 회색빛 청춘을 이겨내고 지탱해준 동반자였다. 그 당시 소주를 너무 많이 마신 덕분에 지금은 소주를 마시면 몸이 받아들이지 못한다.

나처럼 소주를 못 마시는 사람의 아픔을 감지한 사람이 소주를 잘 마시는 방법이 없으려나?라는 질문과 상상력의 결과로 개발한 혁신적인 제품이 있다. 바로 소주가습기다. 사실 소수가습기는 '소주정수기'가 나온 이후 뒤늦게 개발된 신제품이다. 소주정수기의 빨간 버튼을 누르면 정종이 나오고, 파란 버튼을 누르면 시원하게 마실 수 있는 청하나 소주가 나온다. 소주가습기는 소주를 액체 상태로 못 마시는 나와 같은 사람을 위한 혁신적인 기계다.

타인의 아픔을 공감하는 누군가가 소주를 못 먹는 사람들을 위한 소주 음주법을 고민하기 시작한다. 상상력을 발동하고 궁리를 거듭한 끝에 소주를 액체 상태가 아니라 기체 상태로 마시는 방법이 가능할 거라는 아이디어가 떠오른다. 여러 번의 실험 끝에 소주를 기체 상태로 마실 수 있는 소주가습기를 개발했다. 분사량 조절도 가능해서 언제쯤 취하게 할지, 어느 정도 예측 가능한 놀라운 발명품이다. 소주가습기는 액체 상태로 소주를 마셔야 한다는 고정관념을 깼을 뿐 아니라, 소주를 기체 상태로 마시는 새 시장을 열었다는 점에서도 소주 시장의 블루오션이 될 수 있다.

타인을 이해하는 마음! 소주가습기

이처럼 사업가는 소주를 액체로만 마신다는 통념을 깨고 소주를 기체 상태로 흡입할 수 있는 블루오션을 개척하는 사람이다. 소주가 습기는 단순히 머리만 좋은 사람이 개발할 수 있는 제품이 아니다. 오히려 소주가습기는 액체 소주를 못 마시는 사람들의 아픔을 진정으로 사랑하는 사람이 자기 몸을 던져 천신만고 끝에 개발한 혁신적인 제품이다. 모름지기 혁신이란 타자의 아픔을 먹고 자란다. 혁신의 성과가 현장에 적용되어 지속적인 성과를 거두기 위해서는 철저히 현장의 아픔을 사랑하는 일부터 출발해야 한다. 현장이 바로 혁신의 출발점이자 종착역이다. 사업가가 현장에 뛰어들어 현실감을 익히고 그 속에서 진실을 캐내는 작업을 발로 뛰며 지속적으로 전개해야 하는 이유다.

참고 동영상
생각지도 못한 생각의 지도를 만드는 5가지 방법
https://youtu.be/O8Bp7LvjMaU

관련 참고도서
《생각지도 못한 생각지도》유영만. 위너스북(2017)

사업가의 돌파력
Reverse in Thinking

역경을 뒤집으면 경력이 된다

NETWORK의

R

= Reverse in Thinking

사업가에게는 돌파력도 중요하다. 사업가는 숱한 역경을 경험하며 나름 독특한 경력을 쌓아가는 사람이다. 역경을 극복하고 난국을 돌파하는 단 한 가지 효과적인 매뉴얼은 없다. 저마다 독특한 문제의식과 상황적 특수성, 그리고 그 속에서 밤잠 못 자고 고뇌하며 사업 방향과 전략을 구상하는 사람에게 통용되는 단 한 가지 만병통치약은 없다. 역경을 뒤집으면 경력이 되지만, 그런 경력을 만드는 가장 효과적인 방법은 사람마다 다르게 존재한다. 다만 이전과 다른 난국에 직면하면 평소의 방법과 다른 생각과 시도로 주어진 위기를 극복하는 혜안과 지혜를 만들어낸다. 사업가는 문제와 싸우고 위험이나 위기를 극복하고자 어제와 다른 역발상을 밥 먹듯이 시도한다. 사업가의 사고(思考)는 어제와 다른 사고(事故)를 통해 생기며 어제와 다른 사건을 의도적으로 일으키면서 고유한 사유체계를 만들어간다. 사업가는 의도적으로 사건을 일으켜 사유를 갱신하고 어제와 다른 사고(事故)를 일으켜 사고(思考) 방식을 바꿔나가는 사람이다.

작은 실천의 진지한 반복이
반전을 만든다

사업자는 주로 기존 경험과 지식을 효율적으로 배분, 관리하면서 최대 성과를 창출하려는 활용(exploitation) 전략을 선택한다. 반면 사업가는 호기심을 갖고 미지의 세계로 뛰어들어 새로운 경험과 지식을 도전적으로 체득하려는 과감한 탐험(exploration) 전략을 활용한다. 활용 전략이 지금까지 사용해온 방식보다 효율적인 전략을 추구하며 더욱 빠른 시간에 더 많은 목표를 달성하려는 방식이라면, 탐험 전략은 기존 세계와 전혀 다른 낯선 환경과 마주치면서 색다른 깨우침을 얻으려는 창의적이고 혁신적인 전략이다. 활용과 달리 탐험은 미지의 세계에 대한 호기심, 한 번도 가보지 않은 세계로 뛰어드는 과감한 용기와 끈기, 그리고 색다른 가능성을 찾아내려는 열정이 요구된다. 지금까지 우리는 모범생으로 살아가야 한다고 배워왔다. 사회에서도 모나지 않고 어울려 살아가는 삶의 방식을 배워왔다. 사업자가 주로 모범생의 길을 걸어가려는 이유도 우연은 아니다. 그러나 불확실성이 가중되고 한두 가지 전문성만으로 새로운 세계를 개척할 수 없는 미래 사회에는 미지 세계에 도전하는 모험생의 탐험 전략을 활용하는 사업가가 리더가 된다.

때로는 잘못 탄 기차가
올바른 방향으로 이끈다

지금은 직업이 대학교수지만 나 역시 한때 힘든 시절이 있었다. 1980년대 초, 공업고등학교 졸업 후 평택화력발전소에서 용접공으로 2년간 근무한 적이 있다. 주야간 교대근무를 하는 업무의 특성상 규칙적인 생체 리듬을 갖고 생활하기 불가능한 직업이었다. 자연 흐름을 거슬러 인위적으로 만든 업무 일정에 맞춰 틀에 박힌 근무를 하면서 미래에 대한 꿈과 희망보다 주어진 생활에 안주하며 매너리즘에 빠진 직장인의 삶을 살아가야 했다. 점점 무너져가는 내 모습을 보면서 안타까운 심정을 속으로만 삭히던 시절이었다. 그러던 중 우연히 고시체험생 수기집을 읽게 되었다. 나처럼 밑바닥 인생을 살던 공고생의 고시합격 수기가 감동을 넘어 온몸으로 파고드는 전율을 제공했다. 한동안 눈도 떼지 못하고 그 부분을 읽고 또 읽었다. 갑자기 나도 고시공부를 통해 밑바닥 인생을 역전시키겠다는 꿈을 품게 되었고, 결국 안정적인 직장을 때려치우고 불확실한 미래로 몸을 던지기로 결단했다. 사표를 미리 써놓고 주경야독 대학입시 공부에 매달렸고, 우여곡절 끝에 한양대학교 교육공학과에 입학했다. 처음엔 법학과 진학이 목표였지만 궁여지책으로 선택한 학과가 교육공학과다. 운명은 나를 멀리 보내지 않고 내가 입학한 교육공학과의 대학교수 자리에서 남은 인생을 살아가도록 해주었다. 되돌아보면, 참 파란만장했다. 파울로 코엘료는 이런 말을 남겼다.

"때로는 잘못 탄 기차가 올바른 방향으로 데려다 준다."

나 역시 고시공부를 통해 인생을 한방에 역전시키겠다는 꿈을 품고 대학에 입학했지만, 그 길이 내 심장을 뛰게 하지 못할 거라는 불길한 예감에 또 한 번의 결단을 내렸다. 바로 고시공부하던 책을 모두 불사르는, 일명 분서갱유 사건을 감행한 후 그동안 읽고 싶었지만 읽을 수 없었던 책을 새벽까지 읽어가며 뒤늦게 책 읽는 재미에 빠져서 살았다. 이후 대학원에 진학했고, 고맙게도 여러 스승님을 포함한 은인들 덕분에 미국으로 유학까지 가서 박사학위를 받았다. 꿈에서조차 그릴 수 없는 우여곡절의 인생이었다.

교수가 되기 전에는 삼성인력개발원에서 5년간 근무했다. 거기서 경험한 현장 체험은 관념적 지식의 무력함과 실천적 지혜의 위대함을 동시에 배우는 소중한 공부 시간이었다. 지식은 책상에서 열심히 공부하면 배울 수 있다. 그러나 지혜는 오로지 몸을 던져 체험으로만, 그리고 각성하고 통찰하는 피와 땀, 눈물의 얼룩이 무늬로 변해가는 과정에서 만들어질 수 있음을 알았다.

지혜는
사건과 사고의 합작품이다

삶은 사건과 사고의 합작품이다. 지식은 책으로 배울 수 있어도 지혜는 이런저런 사건과 사고가 체험적인 해석 틀로 재해석되면서 그 누구도 따라 할 수 없는 독창적인 사유체계와 사고양식으로 축적되어 체화된다. 수동적으로 어제와 다른 사고(事故)를 당해야 능동적으로 어제와 다른 사고(思考)를 할 수 있다. 어제와 비슷한 사고를 반복하는 사람에게는 색다른 사고가 생기지 않는다. 사고를 통해 사고가 바뀌려면 색다른 사고여야 하며, 그 사고를 통해 깊은 반성과 성찰을 얻는다. 이런 과정에 고통스러운 깨우침이 동반되어야 한다. 사고를 당해도 지혜는커녕 보험금만 생긴다고 털어놓는 어느 원장님의 말씀은 심장에 꽂히는 깨우침이 되었다. 세상에는 웬만한 충격적인 사고가 아니라면 눈도 꼼짝하지 않는 강적들이 생각보다 많다.

　삶은 항상 사고 없는 편안한 시간으로 이어지지 않는다. 걸림돌에 넘어져 밑바닥 인생을 살면서 절망을 친구로 삼아 기약 없는 미래가 먹구름처럼 다가올 수도 있다. 그러나 삶은 음양이 연주하는 이중주곡이다. 내려가면 올라가고 바닥을 치면 정상으로 향하며, 걸림돌은 어느새 디딤돌로 바뀐다. 절망의 뒤안길에서 희망이 미소를 짓는 것이다.

　지루한 반복이 어느 순간 반전을 일으켜 기적을 만든다. 전전긍긍(戰戰兢兢), 암중모색(暗中摸索), 절치부심(切齒腐心), 호시탐탐(虎視眈眈) 기회를 노리다 어느 순간 극적 반전을 거듭하며 다시 정상을 향해 솟구치는 삶을 경험을 한다. 삶은 오르락 내리락이 희로애락을 만나 운명 교향곡을 연주하는 멋진 신세계다. 《주역(周易)》의 물극필반(物極必反) 이야기를 해보자면, 사물이 극에 달하면 반드시 반전을 일으킨다. 이는 우주와 자연의 선순환적 흐름을 통해 운명을 재창조하는 기적의 드라마다. 사람은 '때'가 되면 기적을 일으키기 시작한다! 어느 목욕탕 간판에 붙어 있는 문구다. '사람은 다 때가 있는 법이다' 라는 말만 믿고 그 때를 마냥 기다릴 것이 아니라, 꾸준히 무엇인가를 실천할 때 물극필반의 기적이 나타난다. 사람은 음지와 양지를 번갈아 살아가는 경험을 하면서 그 때마다 겪은 사건과 사고의 흔적이 주름처럼 이름에 새겨진다. 그 사람의 이름에는 그 사람이 지금까지 살아오면서 겪은 온갖 경험의 흔적이 주름처럼 축적된다.

앞서 한 번 소개했던 들뢰즈와 가타리의 《천 개의 고원》에는 다중체(multiplicity)라는 개념이 나온다. 말 그대로 다양한(multi) 주름(pli)이 모여서 생긴 한 사람의 다양한 정체성(multiplicity)이다. 경지에 오른 사람들, 예컨대 프리미어리그에서 가장 수준 높은 경기를 펼치는 손흥민은 그가 꽤 오랫동안 축구공을 갖고 축구를 하면서 생긴 주름의 정체성이 손흥민 선수의 고유한 색깔로 드러난다. 이런 예는 수도 없이 많다. 기적을 만들어내는 사업가가 되려면 자신의 정체성을 결정하는 주름을 하나씩 삶에 새겨가야 한다. 도전, 희망, 열정, 개혁, 반복 등의 주름이 겹겹이 쌓여 반전을 일으키면 성공한 사업가로 우뚝 서는 것이다.

구겨진 종이비행기가
더 멀리 날아간다

그 사람 이름 석 자에는 지금까지 산전수전 겪으며 온몸에 추억이라는 이름으로 아로새겨진 온갖 흔적들, 그리고 얼룩과 무늬가 씨줄과 날줄로 엮여 그 사람의 다양한 캐릭터를 만들어간다. 그게 바로 다중체다. 이런 점에서 '이름'은 '주름'이다. 얼마나 다양한 저마다의 주름을 만들어 몸에 아로새겼는지가 결국 그 사람의 이름을 대변한다. 그 사람의 이름에 새겨진 다양한 주름을 펴서 다른 사람이 알기 쉽게 설명(explication)하기도 하고, 때로는 주름 뒤에 숨겨져 모습을 드러내지 않고 안으로 품은 의미나 시사점이 침묵으로 암시(暗示, implication)하는 때도 있다. 암시(暗示)는 말 그대로 어둠 속에서 살아온 의미를 조용히 비추어 드러낼 뿐, 그것의 전체적인 의미가 무엇인지는 완벽하게 알아낼 수 없다.

나는 초등학교를 졸업한 후 곧장 중학교에 들어갈 형편이 안 되어서 수렵, 어로, 채취, 농경 생활하며 자연을 벗 삼아 시골 생활에 적합한 주름을 만들었다. 뒤늦게 중학교에 입학해 책상에 앉아 공부하는 주름이 내 몸에 없던 시절, 다시 공부하는 주름을 내 몸에 아로새겨야 했다. 그리고 고등학교에 입학 후 난생처음 3,000도가 넘는 뜨거운 열기 앞에서 용접하는 주름을 하나의 익숙한 주름으로 만들기 위해 힘겨운 생활을 보냈다. 다시 대학에 들어가 뒤늦게 공부하는 주름을 만들기 시작했고, 오랫동안 앉아서 책을 읽고 글을 쓰는 주름이 내 몸에 새겨지기도 했다. 유영만이라는 이름에 석 자와 내 몸에는 지난 시절 살면서 축적된 다양한 주름이 녹아 있다. 그간 내가 경험한 사건과 사고의 흔적이 지혜라는 합작품을 만들어내기 위해 숱한 나날 동안 안간힘을 써왔고, 지금까지 버텨왔다. 물론 앞으로도 나는 살아가려고 안간힘을 쓸 것이다. 내 몸에 없는 새로운 주름을 하나씩 새겨가면서 말이다. 이처럼 사람은 '주름'과 '씨름'하면서 '나름'의 의미를 만들어가며 자기 '이름'값을 하며 살아간다.

종이비행기를 학교에서 배운 대로 접으면 내 마음대로 날지 않고 중간에 고꾸라지거나 예상치 못한 방향으로 날다가 순식간에 추락하고 만다. 그런데 종이를 그냥 마음대로 구겨버리면 어떨까? 비록 모습은 비행기와 전혀 다르지만 멀리 던지면 내 의도대로 웬만큼 원하는 방향으로 날아간다. 구겨진 종이비행기는 내가 살아오면서 내 몸에 아로새긴 주름과 마찬가지다.

주름이 심하게 접힌 종이비행기가 멀리 날아가듯 사람도 살면서 자신이 겪은 우여곡절, 파란만장, 좌충우돌이 자신을 더 멀리 도약하도록 만든다. 그런 삶을 살아온 사람일수록 세파를 잘 견디고 웬만한 시련과 역경에도 꿋꿋이 자신이 의도하는 방향으로 날아갈 수 있다. 몸에 주름이 많기 때문이다. 구겨진 종이가 더 멀리 날듯, 굴곡 많은 인생이 더 먼 곳을 내다본다. 자기다운 삶을 아름다운 무늬로 수놓으며 행복한 삶을 살아갈 수 있다. 우여곡절이 많아야 돌아가는 길이 빠른 길임을 알려주는 우직지계(迂直之計)의 지혜를 터득한다.

사업가는 먹구름 속에
태양이 있다는 믿음을 전하는
희망 전도사다

벼랑 끝에 이른 삶은 허공에서 길을 찾는다

그때 몸 전체가 허공을 만지는 눈이어야 한다

…

아무도 가지 않은 길을 가는 공포가

생을 전향시킨다

눈이 없던 곳에서 눈이 생기고

온몸에 발이 자란다

김주대 시인의 〈진화론〉이라는 시의 일부다. 이 시에서 우리가 배울 점은 평소에는 눈과 발이 두 개밖에 작동하지 않는다는 사실이다. 하지만 벼랑 끝과 같은 위기에 직면하면 위기를 극복하기 위해 이전과 다른 방법으로 세상을 바라보고 난국을 돌파하고자 전혀 다른 방법으로 다양한 방법을 모색하기 시작한다. 그래서 온몸에서 눈이 자라고 발이 자라는 것이다. 위대한 삶은, 역경에 처하면 역경을 뒤집어 경력으로 만들기 위해 안간힘을 쓰고, 몸부림을 치며 이전과 색다른 방법으로 세상을 바라보고, 이전과 전혀 다른 방법으로 몸을 움직여 난관을 극복하는 방법을 찾고자 사투를 벌인다. 힘듦, 난관, 역경이 와야 비로소 인간은 기존 지식과 경험만으로 해결할 수 없는 위기의식을 감지한다. 그리고 색다른 방법으로 뇌를 움직이기 시작한다. 새로운 지혜가 탄생하는 순간이다.

사업자는 위기에 처하면 기존 지식과 경험으로 극복하려고 발버둥을 치다가 일정 시점이 되면 포기한다. 반면에 사업가는 난국을 돌파하는 과정에서 나의 지식과 경험만으로 역부족이라고 판단하는 순간, 타인의 지식과 경험을 빌려 문제 상황을 탈출하려고 시도한다. 그때 비로소 사업가의 새로운 지혜가 탄생하는 것이다.

지혜는 이처럼 온몸을 던져 이리저리 탐색하고 시도하는 가운데 몸으로 체득하는 삶의 노하우다. 사업자는 힘든 상황이 밀려올수록 환경을 탓하고 좋지 않은 경제 상황을 욕하며 사업이 안 된다고 생각한다. 문제 근원을 늘 밖에서 찾는다. 반면에 사업가는 사업의 위기가 가속화될수록 기존 사업방식으로는 위기극복이 어렵다고 판단하고 과거와 다른 방법으로 사업을 추진하는 색다른 방법을 찾기 시작한다.

위기가 위기로 점철되고 설상가상 환경에 휩싸여 절망적인 상황으로 빠져드는 상황이라면 사업자는 절망하지만, 사업가는 기존 사업방식에 한계가 왔다고 생각한다. 그리고 사업가는 먹구름이 깔리는 시련과 역경이 다가와도 쉽게 절망하지 않고 이전과 다른 방식으로 살아갈 궁리를 거듭한다. 그리고 먹구름 속에 반드시 태양이 있다는 가능성을 파트너나 고객에게 전하는 희망의 전도사가 된다.

참고 동영상
역경을 뒤집으면 경력이 된다
https://youtu.be/MzauEjPk8KM

관련 참고도서
《공부는 망치다》 유영만. 나무생각(2016)

07

사업가의 설득력
Keep in Persuasion

설명하면 머리를 끄덕이지만
설득하면 행동한다

NETWORK의

K

= Keep in Persuasion

　　　　　　　자신이 겪은 체험적 깨달음을 통
해 고객에게 제공하고 싶은 상품과 서비스를 설명하기보다 설득해서
감동시키는 설득력도 중요하다. 설명이 긴 사람은 자신이 해본 경험
이 없는 경우가 많다. 자신이 직접 겪은 깨달음이 많은 사람은 논리적
으로 설명, 이해시키기보다 감성적으로 설득해 상대방을 감동시킨다.
설명만 능한 사람은 매력이 없다. 그러나 설득하는 사람은 상대방의 마음을 움직여 자신의 방식으로 세상을 이끌어간다. 설명하면 머리를 끄덕이지만 설득하면 행동한다. 머리로 이해한 사람은 머리만 끄덕일 뿐 행동으로 옮기지 않는 경우가 많다. 반면 마음에 감동을 받은 사람은 행동으로 옮긴다. 논리로 설명하면 이해는 해도 직접 몸을 움직여 의도한 대로 행동에 옮기지 않는다. 그 이유는 가슴으로 와 닿지 않기 때문이다. 사업가는 파트너와 고객의 마음을 훔치며 선동하는 마음사냥꾼이다. 비범한 사업가가 되고 싶다면 설득으로 상대방 마음 훔치기에 능해야 한다.

감동을 품은 설득력이
완벽한 사업가를 만든다

지금까지 위에서 소개한 이야기들을 모두 섭렵했다고 가정한다. 쉽지 않은 일이기에 일단 격려의 박수를 보낸다. 체력을 무기로 난국을 돌파하는 모험가로서의 사업가가 파트너의 재능을 찾아 개발시켜주는 강점코치 역할을 발휘하면서 '색달라지면 저절로 남달라진다'는 철학으로 무장했다고 가정한다. 어제와 다른 질문을 던져 색다른 생각을 잉태하도록 해주는 질문술사로서의 사업가가 호기심의 물음표를 던져 감동의 느낌표를 찾아내고 '법'대로 안 되면 색다른 돌파구를 찾는 '방법'개발 전문가가 되었다고 가정한다. 원래, 물론, 당연에 시비를 걸어 고정관념을 깨부수는 비정상적 사유로 무장했을 뿐만 아니라, 역경을 뒤집어 남다른 경력의 스토리를 갖추고 먹구름 속에도 태양이 있음을 믿게 만드는 희망 전도사가 되었다고 가정한다. 그렇다면 사업가로서 모든 것을 갖춘 것일까?

하나가 더 있다. 여기에 감동을 더해야 완벽한 사업가가 될 수 있다. 감동이 없다면 지금까지 축적해온 지혜와 다양한 스토리들이 무용지물이다. 내가 추구하는 삶의 철학이 무엇이고, 내가 사업을 통해 궁극적으로 이루고 싶은 게 무엇인지를 나와 함께 하는 파트너들에게 간략하면서도 임팩트 있게 설득하지 못하면 모든 노력이 수포로 돌아간다. 혁신은 혁신적인 아이디어 부족으로 실패하는 게 아니다. 설득의 실패가 곧 혁신의 실패다. 사업가는 무엇보다도 자기 생각과 의견을 구체적인 사실 중심으로 임팩트 있게 전달해야 한다. 그래야 존경받는 리더로 거듭날 수 있다. 그러니까, Fact + Impact = Respect 공식을 숙지할 필요가 있다.

물건을 훔치면 범인이지만
마음을 훔치면 연인이 된다

뱀장수는 뱀을 팔지 않고 뱀에 대한 자신의 신념과 철학을 판다. 뱀장수는 뱀의 약효에 대해 논리적으로 설명하지 않는다. 대신 뱀의 약효에 대한 신념과 철학을 감성적으로 설득한다. 자신이 직접 먹어본 것처럼 말하는 체험을 들려줌으로써 고객의 마음을 훔친다. 우선 고객의 마음을 휘저은 후 서서히 뱀의 약효에 대해 논리적인 설명을 덧붙인다. 설득이 먼저고 설명이 나중이다. 이성적 또는 논리적 설명과 감성적 설득은 새의 양 날개처럼 조화와 균형을 맞추어야 한다. 문제는 논리 이전에 감성이, 설명 이전에 설득이 이루어져야 한다는 사실이다.

설득당한 사람에게 논리적 근거를 제시하면 빼도 박도 못하고 속수무책으로 빠져버린다. 일단 설득에 넘어간 사람은 쉽게 빠져나오기가 어렵다. 설득에 빠져든 사람이 읽고 있는 책이 속수무책(束手無策)이다. 정말로 대책 없는 책이다. 논리적 설명만으로는 상대를 속수무책의 경지로 빠뜨릴 수 없다. 설명의 논리에는 사람을 뒤흔드는 유혹의 비결이 숨어 있지 않다. 설명이 논리적으로 이어지면 그 설명을 듣는 사람은 가슴으로 수용하거나 이해하려고 하지 않고 논리적으로 판단해서 잘못이나 결점 또는 약점을 잡아내려고 한다. 논리적 설명은 다른 사람에게 논리적으로 판단할 이슈를 던져주는 것이고, 그걸 듣는 사람은 사실 여부는 물론 논리적 허점을 잡아내기 위해 평가자로서 주의를 집중에서 듣는다.

물건을 훔치면 범인이지만 마음을 훔치면 연인이 된다. 물건을 훔치는 도둑은 법적으로 처벌을 받는다. 하지만 상대의 마음을 훔치는 도둑은 법적으로 처벌받지 않는다. 상대의 마음을 훔치는 전략은 그래서 누구나 활용할 수 있는 '치외법권적 유혹비법'이다. 유혹의 달인은 차가운 논리와 이성으로 설명하기 전에 뜨거운 감성적 마음으로 설득한다. 설득이 무르익을 무렵 설명으로 종지부를 찍는 것이다. 설득으로 문을 열고 설명으로 열린 문을 닫아버린다. 그렇게 닫힌 문은 쉽게 열리지 않는다. 이제 설득한 사람의 논리대로 따라가는 수밖에 없다. 사업가는 설명의 대가가 아니라 설득의 달인이 되어야 한다. 그래야 자신의 의지와 철학대로 세상이 움직이기 시작한다. 사업가는 상품과 서비스를 파는 사람이 아니다. 상품과 서비스에 담긴 자신의 철학과 신념을 파는 사람이다. 사업가는 주로 머리를 공략하지 않고 심장을 공략해서 마음을 빼앗는 마음 도둑이다. 세상은 머리를 움직이는 사람보다 마음을 움직이는 사람이 지배한다.

시어머니가 아프면 머리가 아프고
친정엄마가 아프면 가슴이 아프다

논리적 설명은 결론을 낳지만 감성적 설득은 행동을 낳는다. 결론은 설명이 낳은 자식이지만, 행동은 설득이 낳은 자식이다. 설명하면 이해는 해도 실천으로 옮겨지지 않는다. 그 이유는 마음이 움직이지 않기 때문이다. 설명이 끝나면 모두 머리를 끄덕이는 경우가 많지만 실천으로 옮겨지지 않는다. 그 이유는 아직 확신이 들지 않기 때문이다. 설명은 논리가 필요하지만 설득은 신념이 필요하다. 신념 없는 논리는 공허한 관념이다. 설명하는 사람은 메시지에 집중하지만 설득하는 사람은 메시지에 대한 자신의 신념과 철학에 집중한다. 설명은 메시지를 팔지만 설득은 메신저를 판다. 설득하는 사람은 메시지 자체를 파는 게 아니라 메시지에 대한 자신의 신념과 철학, 그리고 열정을 판다. 설득하는 사람은 상대에게 신뢰를 심어주고 결단을 촉구하며 결연한 행동을 유발한다. 논리적으로 설명하는 시간이 길어질수록 사람들의 주의집중 강도와 수준은 현격히 떨어진다.

설명은 자신이 직접 체험해보지 않는 이야기일지라도 논리적 모순 없이 체계적으로 메시지를 전달하는 과정이다. 하지만 설명이 길어질수록 머리는 아프고 마음은 절대 움직이지 않는다. 가슴이 아프다는 이야기는 내 이야기처럼 공감을 받아 측은지심이 발동되었다는 이야기다. 반대로 머리가 아프다는 이야기는 나와 관계없는 일이 많아져 귀찮다는 조짐이다.

'시어머니가 아프면 머리가 아프고, 친정엄마가 아프면 가슴이 아프다!'

관계없는 일이 많아질수록 머리가 아프다. 그러나 관계가 가까운 일일수록 내 일처럼 느껴져 가슴이 아프다. 머리가 아픈 상태가 좀 지나치면 배가 아플 수도 있다. 배가 아프다는 이야기는 나보다 더 잘난 사람이 나를 능가하는 성공체험을 하면서 잘 나갈 때다. 사촌이 땅을 사면 배가 아픈 이유도 나보다 부자라는 생각이 들어서 얄밉기 때문 아니던가. 이는 복통약으로 치유할 수 없는 아픔이다. 배가 고플 때는 음식을 먹으면 해결된다. 하지만 머리가 아플 때는 두통약으로 치유되지 않는다. 그런데 가슴이 아플 때는 그 아픔의 원천이 된 사람이 겪는 아픔을 사랑할 때 어느 정도 치유된다. 타자의 아픔을 사랑하는 사람이 그 아픔을 치유하기 위해 밤잠 안 자고 다양한 방식으로 아이디어를 내고, 그걸 실천에 옮기기 위해 과감한 결단과 결행을 감행한다. 머리가 아프면 계산을 하지만, 그리고 배가 아프면 자괴감에 빠져 한탄을 하지만, 타자의 아픔에 공감해 가슴이 아파지면 발 벗고 나서 그 아픔을 치유하기 위해 행동을 한다.

마케팅은
카드를 굵게 만드는 마술이다

인생은 설득의 연속이다. 내가 누군가를 설득해야 하는 상황도 있고, 반대로 내가 누군가로부터 설득당하는 경우도 있다. 기업은 고객을 설득하고, 정부는 국민을 설득하며, 리더는 팀원을 설득하고, 선생님은 학생을 설득한다. 그런데 우리가 살아가는 삶은 '설득'보다 '설명'이 난무한다. 훌륭한 논리적 설명은 이제 지루하고 식상하다. 의사결정을 하게 만드는 감성을 움직이지 못한다. 설명은 자신 직접 체험해보지 않은 지식으로도 가능하지만 설득은 자신이 직접 체험해보지 않고서는 불가능하다. 왜냐하면 체험해보지 않고도 이해할 수 있지만, 체험해보지 않고서는 느낄 수 없기 때문이다. 설명은 머리로 하지만 설득은 가슴으로 한다. 그래서 설명은 이성과 짝을 이루고 설득은 감성과 짝을 이룬다. 설명은 논리적이라는 말이 어울리고 설득은 감성적이라는 말이 어울린다. 논리적 설명과 감성적 설득은 조화를 이루지만, 논리적 설득과 감성적 설명은 왠지 부자연스럽다.

'설득' 없이 '설명'한 적이 많을까? 아니면 '설득'한 다음 '설명'하는 일이 많을까? '설득' 없는 '설명'은 지루하고 '설명' 없는 '설득'은 위험하다. 먼저 '설득'하고 나중에 논리적 '설명'으로 근거를 제시할 때 효과가 높다. '설득' 없는 '설명', '설명' 없는 '설득' 모두가 소기의 목적을 달성할 수 없다. 먼저 '설득'하고 나중에 '설명'하라!

'설명'을 최소화하고, '설득'은 극대화하는 방법이야말로 사람의 마음을 훔쳐서 옴짝달싹 못 하게 만드는 유혹(?)의 지름길이다! 유혹은 '설득'으로 시작해 '설명'으로 종지부를 찍는다. 세상은 유혹의 천국이다. 강사는 메시지로 청중을 유혹하고 정치가는 정책으로 국민을 유혹한다. 철학자는 자기 고유의 개념으로 독자를 유혹하고 사업가는 독특한 사업철학과 신념으로 고객을 유혹한다. 유혹은 상대방의 마음을 훔치면서 이성을 잠시 마비시키는 행위다. 논리적 이성의 잣대로 판단을 내리지 못하게 정신을 혼미한 상태로 빠트리고 순간적으로 심장을 뜨겁게 달궈서 행동하게 만드는 마력이다. 그래서 모든 마케팅은 카드를 긁게 만드는 마술이다.

마케팅이나 광고는 대부분 논리적 이성에 호소한다. 하수들이 쓰는 설명 대신에 감성적으로 호소하면서 소비자를 설득한다. 대부분의 사람은 설명하면 이해는 하지만 행동하지 않는다. 설득해야 감동받고 행동한다. 논리적 판단이 유명무실해지는 곳에서 감성적 설득력이 극대화된다.

설득 없는 설명은
득보다 실이 더 크다

'together'의 의미가 'to+get+her', 그녀를 얻고 싶어서 그녀를 도와준다는 의미로 볼 수 있다. 그녀의 마음을 사로잡으려면 그녀의 마음을 읽고 훔쳐야 한다. 은밀한 설득은 머리를 움직이는 '논리적 설명' 이전에 마음을 휘젓는 '감성적 설득'이다. '나탄(Natan)'이라는 보석 광고를 보면 감성적 설득을 통해 한

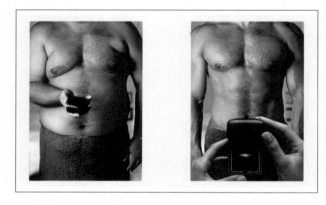

나탄 보석 광고

여성의 마음을 훔치는 작업이 얼마나 위대(?)한지 실감할 수 있다.

　한 남자가 여자에게 보석을 보여준다. 보석을 보기 전에는 남자가 뚱뚱해보였는데, 남자가 선물한 보석을 본 여자는 마음을 완전히 빼앗겼다. 흔들리는 마음으로 본 남자는 동일한 남자임에도 불구하고 아주 달라 보인다. 마음을 빼앗기면 이렇게 같은 사람이라도 전혀 다른 사람처럼 보인다.

　이 광고의 핵심 메시지는 사람의 마음을 훔치는 사람이 세상을 움직일 수 있다는 의미다. 꼭 기업에서 만든 상품과 서비스가 아니라도 내가 누군가에게 제공하는 메시지를 통해 나는 상대의 마음을 훔칠 수 있는 비장의 무기를 지니고 있는가를 자문해보자. 상대의 마음을 훔치려면 나는 어떤 메시지를, 어떤 방법으로 전달해야 하는지를 고민해보자. 이런 공부가 상대와의 거리를 좁힐 수 있는 비장의 무기가 된다.

감성적 설득 없이 논리적으로 설명하면 지루하고 재미가 없다. 이해는 해도 재미없고 의미심장하게 다가오지 않는다. 논리적으로 설명만 일삼으면 골 때리지만 감성적으로 설득하면 눈에 광채가 난다. 감성은 대상에 대한 가장 정직한 느낌이다. 머리로 판단하기 이전에 가슴으로 먼저 느낌이 온다. 느낌이 와야 논리적 설명을 듣고 이해하려고 노력한다. 느낌이 오지 않으면 무엇인가를 이해하려는 의식적인 노력을 포기한다. 거기서 이해하려는 노력을 멈추고 상대방을 곱지 않은 시선으로 바라보기 시작한다. 당연히 소통(疏通)은 단절되어 불통(不通)이 되고, 심지어는 분통(憤痛)이나 울화통이 터진다. 이렇게 되면 아무리 논리적으로 옳고 타당한 설명일지라도 더 이상 들으려 하지 않는다. 마음의 문을 열지 않은 상태에서 이루어지는 논리적 설명은 체계적으로 공격하는 폭력이다. 더 정확히 말하면 인간적 신뢰감이 생기지 않았는데 논리적 설명으로 상대를 이해시키려고 노력할수록 상대는 감정으로 들어가는 문을 굳게 닫고 이해하려는 노력을 포기한다. 공감대가 형성되지 않는 상태에서 이루어지는 논리적 설명은 두 사람 사이의 거리를 더 멀게 만든다. 설득으로 가는 길이 열리지 않았는데, 설명으로 끌고 가면 두 사람 사이의 관계는 거기서 끝나고 원상복귀가 불가능해질 수도 있다. 설득 없는 설명은 얻는 것보다 잃는 게 더 많다.

아리스토텔레스의
3가지 설득 요소

일찍이 아리스토텔레스는 설득에 필요한 수사학의 3대 요소로 에토스(Ethos), 파토스(Pathos), 로고스(Logos)를 들었다. 에토스는 그 사람의 품성이나 품격에서 나오는 인간적 신뢰감으로 사람을 설득하는 데 60%를 좌우한다. 파토스는 청중의 가슴을 파고드는 감성적 호소력이며 30%의 설득력을 차지한다. 마지막으로 로고스는 객관적 사실이나 이론적 근거를 갖고 설명하는 논리적 구속력에 해당하며 청중 설득력의 10%를 좌우한다. 공부로 따지면 몸으로 하는 공부가 60%, 가슴으로 공감하는 공부가 30%, 그리고 마지막으로 머리로 하는 공부가 10%에 해당한다고 생각해도 좋을 것 같다. 에토스는 그 사람의 체험적 통찰력에 비추어 생기는 인간적 신뢰감이다. 체험의 깊이와 넓이를 부단히 심화, 확산시키는 공부를 계속해야 하는 이유다. 파토스가 있어야 에토스의 효력이 발휘되고 파토스와 에토스는 로고스의 도움을 받아 비로소 완성된다. 파토스는 몸이고 에토스는 심장이며 로고스는 머리에서 나온다. 체험적 통찰력으로 생기는 에토스와 감성적 설득력으로 생기는 파토스, 그리고 논리적 설명력으로 생기는 로고스는 우리가 공부를 통해 평생 갈고 닦아야 할 영원한 숙제다.

그런데 평소 우리가 취하는 설득 전략은 어떤가? 파토스보다 로고스, 즉 감성적 호소력보다 논리적 설명력을 앞세워 사람에게 영향을 미치려고 노력하지 않았는가? 무엇보다 더 중요한 사실은 파토스나 로고스에 앞서 그걸 무기로 상대방을 설득하려는 사람의 인간적 신뢰감이다. 아직 이야기를 들어보지 않았지만 어느 누군가가 살아오면서 몸으로 겪은 아우라가 흘러 넘친다면, 그런 사람 앞에 서면 약간의 설득과 설명만으로도 압도당하고 마는 경우가 있다. 결국 설득은 언어를 매개로 전달되는 기술적 문제라기보다 그 사람의 신념과 철학이 묻어 있는 삶의 문제다. 내가 살아온 삶만큼 다른 사람을 설득하고 설명해서 내 편으로 만들 수 있다. 설득은 테크닉의 문제가 아니라 삶의 문제다. 나의 삶을 몸으로 증명할 때 에토스의 가치가 극대화되고 이어서 파토스와 로고스가 따라붙으면 이 설득 게임은 끝난 것이나 다름없다. 설득을 잘 하려면 결국 어제와 다른 삶을 살기 위해 안간힘을 쓰는 노력이 매순간 더해져야 한다.

사업가는 머리를 공략하는 강의보다
심장을 공략하는 강연을 한다

강연(講演)을 네이버 국어사전에 찾아보면 '일정한 주제에 대하여 청중 앞에서 강의 형식으로 말함'이라고 정의한다. 강의(講義)는 '학문이나 기술의 일정한 내용을 체계적으로 설명하여 가르침'이라는 뜻풀이가 나온다. 이처럼 두 가지 뜻의 차이를 보면 강연과 강의는 뚜렷하게 구분할 수 없다. 여기서 말하는 강의는 학교나 조직 내에서 일정 기간 반복적으로 이루어지는 소규모 활동이고, 강연은 외부 청중이나 불특정 다수를 대상으로 일회성으로 이루어지는 대규모 활동이라는 의미에 국한해 생각해본다. 강의는 비교적 소규모 인원을 대상으로 해당 분야의 지식과 경험이 많은 강사가 그걸 필요로 하는 사람에게 5% 겸손한 자세로 교과서적 지식과 깨달음을 전달하는 데 목적을 둔다. 강연은 체험적 지혜를 자신의 독창적인 관점으로 해석, 평범한 사실도 비범하게 바라볼 수 있는 안목과 식견을 5% 오버(여기서 오버는 청중을 사로잡는 카리스마)해서 식지 않는 열정으로 청중을 사로잡는 공연이자 향연이다.

5% 겸손한 강의는 체험적 깨달음이 부족할 때 책상 지식과 남의 경험은 근간으로 복구할 수 있지만 살갗을 파고드는 감동이 없는 경우가 많다. 공부를 많이 한 학자의 강의보다 비록 가방끈은 짧아도 격전의 현장에서 우여곡절을 겪으며 몸으로 체득한 어눌한 말투의 강연이 더 감동적인 이유다.

5% 오버하는 강연의 전제조건에는 두 가지 명심해야 할 사항이 있다. 첫째는 산전수전 겪으며 깨달은 체험적 지혜, 두 번째는 진정성을 바탕으로 해석해내는 독특한 관점이다. 자신의 몸으로 깨달은 체험적 지혜가 부족하거나 진정성이 실종된 상태로 5% 오버하는 강연은 금방 청중이 알아보고 강연장은 급냉각기류로 가득차기 시작한다. 알량

한 앎이나 관념적 사유로 각색한 설명체계로 삶을 재단하거나 평가하는 지식은 뼈저린 고통체험으로 건져 올린 깨달음이 폐부를 찌르고 진한 감동을 이길 수 없다.

강의는 강사가 갑이고 청자가 을이지만 강연은 강사가 을이고 청중이 갑이다. 강의는 평가가 좋지 않아도 다음이 보장될 수도 있다. 그러나 강연은 만족스러운 평가를 받지 못하면 거기서 멈춘다. 강의는 이미 알고 있는 기지(既知)를 설명해서 의미를 머리에 꽂아 이해를 추구한다. 그러나 강연은 청중이 상상하는 미지(未知)로 상상력을 자극하고 의미를 심장에 꽂아 의미심장하게 만들어 감동을 추구한다. 강사는 해당 분야의 공부를 책상에서 열심히 한 사람이지만 연사는 해당 분야를 시행착오를 겪어가며 몸으로 체득한 사람이다. 강사는 해당 분야를 강의할 수 있는 이론적 지식과 자격증은 있지만 실제 본인의 체험으로 깨달은 지혜가 부족해서 의미는 있으나 재미없는 스토리로 전달하는 경우가 많다. 강사의 강의는 의미는 있으나 재미가 없기 쉽고, 연사의 강연은 재미있으면서도 의미가 심장에 꽂힌다.

재미없는 의미는 견딜 수 없는 답답함이고 의미 없는 재미는 참을 수 없는 가벼움이다. 강의는 간접 경험으로 얻은 객관적 사실이나 진리를 전달하지만 강연은 직접 체험으로 터득한 주관적 의견이나 일리를 몸으로 보여준다. 간접 경험은 언어로 전달할 수 있지만 직접 체험은 대부분 언어로 전달할 수 없다. 몸으로 증명하고 느낌으로 공감대를 형성한다. 비범한 사업가는 자신이 겪은 이야기를 독창적인 논리체계로 정리한 후 진정성을 갖고 고객의 마음을 훔치는 스나이퍼가 되어야 한다. 물건을 훔치면 범인이지만 마음을 훔치면 연인이 된다는 이야기를 강의와 강연에도 적용할 수 있다.

사업자는 강의를 하지만 사업가는 강연을 한다. 강사로서의 사업자는 세상에 이미 통용되는 다른 사람의 지식과 경험을 전달하는 데 중점을 둔다. 강연가로서의 사업가는 자신이 직접 체험하고 겪은 깨달음을 스토리로 엮어 감동을 전하는 스토리텔러다. 당연히 그런 사업가의 삶이 매력적이다.

사업가는 양식에 호소하는 설명보다
상식을 어루만지며 설득한다

막스 베버(Max Weber)와 조지 리처(George Ritzer), 한 사람은 《경제와 사회》[25]를 쓴 독일의 사회학자이고, 다른 한 사람은 《맥도날드 그리고 맥도날드화(The McDonaldization of Society)》[26]를 쓴 미국의 사회학자다. 공부를 좀 했다는 사람은 알만한 독일의 정치학자이자 경제학자, 그리고 사회학자인 막스 베버

---

25 《경제와 사회》 막스 베버(지음), 볼프강 J. 몸젠, 미하엘 마이어(엮음), 박성환(옮김) 나남출판(2009)
26 《맥도날드 그리고 맥도날드화》 조지 리처(지음), 김종덕, 김보영, 허남혁(공역). 풀빛(2017)

의 고전 중《경제와 사회》라는 책이 있다. 학자들에게는 닮고 싶은 모델의 책이지만, 대부분의 사람이 저자의 이름조차 모르는 난해한 책이다. 그는 합리성이 오히려 비합리성을 낳는 자본주의적 모순을 논리적으로 파헤친 역저를 남겼지만, 전문가의 세계를 넘어 비전문가가 읽어내기에는 이해하기 어려운 난해한 학문적 논의로 가득 차 있다. 그럼에도 고전적 추천도서로 남아 전해진다. 그리고 일반인들이 잘 아는 미국 메릴랜드 대학교 사회학과 교수 조지 리처의 대중서《맥도날드 그리고 맥도날드화》라는 책이 있다. 이 책은 막스 베버가 지적한 합리성의 비합리성을 맥도날드의 세계화 표준화 전략에 녹여냄으로써 합리화를 추구하는 맥도날드의 비합리화 현상을 쉽게 분석한 대중 서적이다. 학자의 세계에서 외면받을 수 있는 조지 리처였지만, 대중들로부터 인기를 한몸에 누렸다.

나의 대중적 글쓰기의 모델은, 너무 어려워서 아무나 못 읽는 막스 베버의《경제와 사회》라는 책이 아니다. 쉽지만 고전 속에 담긴 핵심과 본질을 일상 담론으로 쉽게 풀어낸 역작《맥도날드 그리고 맥도날드화》를 쓴 조지 리처를 닮아가려는 데 있다. 나도 막스 베버의 학문적 전통에 부합하는 전공서적《교육공학의 학문적 지평 확대와 깊이의 심화(2탄)》[27]라는 난해한 책의 저자이기도 하다. 같은 분야의 전공

---

27 《교육공학의 학문적 지평 확대와 깊이의 심화(2탄)》유영만. 원미사(2006)

교수나 연구자들도 다가가기 어려울 만큼 다양한 인문사회과학적 이론들의 융합을 시도한 책이다. 한편, 진로 선택을 고민하는 중·고등학교 학생이나 진로 지도에 관심이 큰 학부모나 선생님들을 대상으로 교육공학을 쉽게 이해할 수 있도록 돕는 《MT 교육공학》[28]이라는 책도 있다. 여담이지만 이 책을 읽고 한양대 교육공학과에 입학하는 학부생과 대학원생이 많아졌다. 똑같은 전공 책이라도 하나는 소수의 전문가만 볼 수 있는 난해한 책이고 다른 책은 전공에 관계없이 누구나 쉽게 읽을 수 있는 전공 교양서적이다. 전자의 책은 논리적 설명을 중심으로 학자들의 다양한 이론적 관점을 비교하고 설명하며 양식에 호소하는 데 역점을 두어 난해했다. 반면에 후자는 체험적 깨달음을 근간으로 일상에 접할 수 있는 구체적인 사례를 제시해 설득하면서 상식을 어루만지는 데 중점을 둔 쉬운 책이다. 전자가 막스 베버의 느낌이라면, 후자가 조지 리처 입장과 일맥상통한다.

경지에 이른 사업가일수록 복잡한 생각을 쉽게 풀어 설득한다. 아직 갈 길이 먼 사업자일수록 자기 생각을 복잡하게 설명한다. 어려운 이야기를 쉽게 설득하는 비결은 자신의 체험적 통찰력으로 어려운 이야기를 자기 방식으로 해석하는 스토리텔러가 되는 데 있다. 내가 겪어본 깨달음이 없으면 남의 이야기를 인용하되, 내 것으로 소화시켜

---

28 《MT 교육공학》유영만. 청어람장서가(2008)

설득하지 못한다. 남의 이야기를 인용하되 주체는 내가 중심이 되어 그걸 바탕으로 내 주장을 펼쳐야 한다. 사람은 다른 사람의 이야기를 듣기보다 사업가가 직접 겪은 경험으로 체득한 비밀 노하우나 지혜를 전해 듣고 싶어 한다. 내 이야기를 하되 선각자들이 이미 깨달은 깨달음이나 명언을 인용할 때 내가 겪은 경험이 좌정관천에 빠지지 않고 보편적인 설득력을 지닌다. 구체적 경험이 일반적인 개념으로 정리되면서 너무 일반화되면 다른 사람에게 감동을 주지 못한다. 이야기에 구체적인 사연과 배경, 당사자의 체험적 통찰력이 함께 녹아들 때 설득력을 지닌다.

참고 동영상
당신은 물건을 훔치는 범인입니까, 마음을 훔치는 연인입니까?
https://youtu.be/sij775_2tdk

관련 참고도서
《어떻게 설득해야 마음을 움직이는가》 빅토리아 메드벡(지음), 박수철(옮김). 서울: 유노북스(2021)

PART III

인생의 8자도 바꾸는
Network 사업의 8가지 성공 철학

Network 사업의 8가지 성공 철학

01
기적의 시험무대
Network은
흔적이 목적을 만나는
기적의 시험무대

02
믿음의 터전
Network은
신뢰로 시작되는
믿음의 터전

03
희망의 연대망
Network은
좋은 사람이 함께 만드는
희망의 연대망

04
축제의 경연장
Network은
열정으로 맺어진
축제의 경연장

05
배움의 공동체
Network은
서로 성장하는
배움의 공동체

06
가능성의 텃밭
Network은
다름으로 차이를 만드는
가능성의 텃밭

07
완행열차
Network은
행복으로 가는
완행열차

08
오뚝이 양성소
Network은
거절을 먹고 사는
오뚝이 양성소

"당신의 상상력과 영감을 가라앉히지 마라!
 규범의 노예가 되지 마라!"

- 빈센트 반 고흐(Vincent van Gogh)

"같은 짓을 되풀이하면서 다른 결과를 기대하는 것은
 정신 착란이다."

- 리타 메이 브라운(Rita Mae Brown)

"먼저 행동으로 옮기고 나서 말을 하라."

- 스티븐 스필버그(Steven Spielberg)

팔자가 운명을 결정하는 게 아니다. 팔자는 숙명적으로 누군가 결정해놓은 각본도 아니다. 팔자는 내가 얼마든지 바꿀 수 있는 가능성의 암호다. 팔자를 눕히면 무한대의 가능성을 품고 시작과 끝, 안과 밖이 구분되지 않는 뫼비우스의 띠가 되지 않던가!

$$8 \longrightarrow \infty$$

8자를 눕혀 놓고 가운데를 자르면, 왼쪽과 오른쪽에 두 개의 0이 나온다. 태어날 때 0에서 태어나 돌아갈 때 0으로 죽는다는 의미일 것이다.

$$\infty \longrightarrow 00$$

이번에는 8자를 세워놓고 정확히 가운데를 자르면 왼쪽과 오른쪽에 각각 3자가 두 개 생긴다. 이 말은 사람은 태어나 세 번의 큰 기회와 세 번의 큰 위기를 맞는다는 의미다.

8을 자르면 ε3

물론 해석하기 나름이겠지만, 팔자는 나 아닌 누군가가 정해놓은 게 아니다. 이리저리 눕히고 세우고 나누어보면 운명을 결정하는 DNA의 비밀지도가 사전에 결정된 것이 아님을 알 수 있다.

팔자 이야기에 함몰된 사람들은 운명론에 떠밀려 쉽게 포기하고, 쉽게 용기를 잃기 쉽다. 사주팔자(四柱八字)라는 누군가 정한 각본에 나의 삶을 의지하는 순간, 그 삶의 주인은 내가 아닌 그 누군가가 결정하게 된다. 내가 삶의 주인공으로 사는 방법은 기존의 사주팔자(四柱八字)에서 벗어나 내가 생각의 주인이라는 사주팔자(思主八子)의 삶을 사는 것이다.

- 사주팔자(四柱八字)
  → 누군가 만들어놓은 운명론에 떠밀려 사는 삶
- 사주팔자(思主八子)
  → 스스로 생각하면서 나의 삶을 스스로 결정하는 삶

Network 사업가라면 반드시 갖추어야 할 자세가 '생각의 주인이 나!'라고 생각하며 실천하는 삶이다. 여기서 필자는 Network 사업의 본질을 여덟 가지로 재해석함으로써 Network의 새로운 사주팔자(四柱八字)로 만들어보고자 한다.

팔자를 바꾸고 인생을 성공으로 이끄는 짧지만 강력한 8가지 이야기와 더불어, Network 사업에 도움이 될 만한 추천서도 소개한다. 소개하는 책들은 Network 사업가가 꼭 갖추어야 할 실행력과 지력, 그리고 동기부여를 제공해준다. 또한 무한한 상상력과 아이디어를 얻는 데에도 큰 도움이 된다.

01

기적의 시험무대

Network은 흔적이 목적을 만나는
기적의 시험무대

　기적은 일확천금(一攫千金)으로 얻어지는 행운의 산물이 아니다. 어리석은 노인이 산을 움직인다는 '우공이산(愚公移山)'의 우직함과 끈기가 기적을 탄생시키는 유일한 비결이다. 참고로 우공이산을 구체적으로 드러내는 법칙이 하나 있다. 일명 '1 : 29 : 300의 법칙'이다. 다른 말로 하인리히 법칙(Heinrich's Law)이라고도 부른다. 미국의 보험사 엔지니어링 및 손실통제 부서에 근무하던 허버트 윌리엄 하인리히(Herbert William Heinrich)가 보험회사 사고를 오랫동안 관찰한 후 밝혀낸 법칙이다. 돌이킬 수 없는 한 번의 거대한 사고는 29번의 작은 사건의 산물이고, 29번의 사건은 그 전에 일어난 300번의 조짐과 징

후를 무시해서 발생한 역사적 산물이라는 뜻이다. '1 : 29 : 300의 법칙'을 거꾸로 뒤집어 해석하면 한 번의 위대한 성취는 29번의 작은 성공체험의 결과이고, 29번의 작은 성공체험은 매일 쉬지 않고 연습한 300번의 진지한 실천의 산물이다.

기적은 머리 좋은 사람이 발휘한 두뇌 노동의 산물도 아니다. 기적은 어리석은 사람의 우둔한 발걸음이 반복되다가 반전을 일으키면서 만들어지는 산물(産物)이다. 발터 벤야민(Walter Benjamin)[29]도 이렇게 말하지 않았나!

'진보는 오로지 한 걸음 내딛는 사람에게만 오는
작은 실천의 진지한 반복이 낳은 산물이다!'

기적은 절대 위대한 생각과 아이디어로 탄생하지 않는다. 우직하게 끊임없이 실천, 노력하면 변한다. 기적은 노력하는 사람들만 누릴 수 있는 선물이다. 거창한 계획과 원대한 포부도 중요하다. 그런데 진짜 변화는 양적 축적이 질적 반전을 일으키는 가운데 일어난다.

사물에 극에 달하면 반전을 일으킨다는《주역》의 물극필반의 지혜

---

29 독일의 철학자이자 평론가.

가 진리라고 생각한다. Network은 매번 올라가서 성공만 구가하지도 않고, 늘 밑바닥을 기면서 절치부심만 거듭하지도 않는다. 올라가면 내려오는 겸손함을 배우고 내려가면 올라갈 수 있다는 희망을 공유하는 기적의 시험무대다.

《**성공을 부르는 창업 노트**》박균호 | 북바이북(2020)

아마존, 넷플릭스, 월마트, 스타벅스, 라쿠텐 등 국내외 창업자 19인의 자서전을
분석하여 그들의 인생과 경영법을 정리한 책이다. 성공한 19인의 창업자들이 들
려주는 사업 마인드와 가치관은 Network 사업가와 예비 창업자들에게 귀감이
된다.

《**4차 산업혁명으로 요동치는 네트워크 마케팅**》봉성훈 | 아름다운사회(2016)

우리는 4차 산업혁명의 시대를 살고 있다. 4차 산업혁명이 가져다준 변화에 적
응해야 한다. 세상이 빠르게 변해가는 만큼 이에 걸맞은 대책을 마련해 실천하는

자만이 살아남는다. 4차 산업혁명 시대의 네트워크마케팅은 어떤 모습이어야 할까?

《김미경의 리부트》 김미경 | 웅진지식하우스(2020)

대한민국 최고의 자기계발 강사 김미경 저자가 코로나 위기를 넘어서는 일자리와 비즈니스의 현실적인 해법을 제시한다. 직장을 잃을까 봐 불안한 사람들, 가게 문을 닫을지 말지 고민 중인 자영업자, 매출 하락과 성장 부진으로 코너에 몰린 CEO들에 이르기까지 위기 극복이 절실한 독자들이 읽으면 도움이 될 책이다.

《엑설런스》 도리스 메리틴(지음), 배명자(옮김) | 다산초당(다산북스, 2022)

인간의 탁월함을 결정하는 9가지 능력으로 '대체될 수 없는 나'를 만들어주는 실

용 인문서. 저자는 현재 탁월함의 기준은 완전히 달라졌으며 그 중심에 인간만이 가진 '감성과 감정', '고민하고 성찰하는 힘'이 있다고 말한다. 즉, 아는 것이 많은 것보다 '깊이 공감하고 질문하는 능력'이 훨씬 중요하다는 것을 알려준다.

《**목적이 이끄는 삶**》릭 워렌(지음), 고성삼(옮김) | 디모데(2003)

삶의 의미와 목적을 잃고 방황하는 분들에게 위로와 희망을 제공한다. 국내에서 100만 부가 넘게 팔린 베스트셀러다. 40장의 짧은 글들을 통하여 우리의 삶에서 가장 중요한 가치를 발견하는 데 많은 도움이 된다.

믿음의 터전

Network은 신뢰로 시작되는
믿음의 터전

Network은 사람과 사람이 모여 서로 사랑을 주고받으며 만들어지는 믿음의 터전이다. 사람이 사람을 믿지 않으면, 우리가 이룰 수 있는 일은 아무것도 없다. 더 놀라운 사실은 믿지 않으면 앎도 생기지 않는다는 점이다.

나보다 먼저 걸어간 사업가의 족적을 통해 색다른 가르침을 얻을 수 있다고 믿어야 어제와 다른 깨달음의 무늬가 아름답게 아로새겨진다. 그리고 빛나기 시작한다. 믿음은 모든 인간관계의 근본이며 비즈니스의 근간이 되기도 한다. 신뢰가 없는 사람과 사람의 거래는 사기에 불과하다.

Network은 믿음이라는 접착제로 끈끈하게 연결된 이심전심의 공동체다. 서로의 가능성을 믿고 잘 할 수 있다는 신념을 주고받으며 차가운 눈총보다 따뜻한 눈길로 이심전심을 공유할 때 어떤 시련과 역경에도 무너지지 않는 믿음의 성전, Network이 만들어지는 것이다.

날씨가 아무리 추워도 따뜻한 인간적 정감이 흐르고, 나를 믿고 무한한 신뢰를 보여주는 사람이 있다고 생각하면 힘들고 지쳐도 절로 힘이 솟아나는 곳이 바로 Network이다. 믿어주면 넘어지고 자빠져도 다시 일어설 수 있다. 그러나 반대로 믿어주지 않으면, 불신이 가득하다면, 다시 일어설 용기를 잃고 주저앉는다. 이와 관련하여《논어(論語)》에 짧지만 강력한 지혜가 이렇게 전해져 내려온다.

'믿음이 없으면, 살아나갈 수 없다(無信不立)'

Network 사업가는 '무신불립' 네 글자를 마음속에 새겨둘 필요가 있다.

《**자기 신뢰**》랄프 왈도 에머슨(지음), 이종인(옮김) | 현대지성(2021)

미국의 개척·독립정신의 초석이 된 에머슨의 에세이다. 이 책은 버락 오바마, 니체, 간디, 마이클 잭슨 등에게 영감을 준 것으로 알려져 있다. 누군가 만들어놓은 기존의 형식, 방법이 아닌 '자신의 생각을 믿는 사람'으로 살아가기를 배울 수 있다.

《**신뢰의 속도**》스티븐 M. R. 코비(지음), 김경섭, 정병창(공역) | 김영사(2009)

신뢰는 실증하기 어려운 무형의 도덕적 논리가 아닌 유형의 경제 자산임을 증명하는 책이다. 저자는 치열한 경쟁에서 자신을 돋보이도록 만드는 강력한 무기로

신뢰를 강조한다. 각 분야에서 성공한 사람들의 여러 사례를 소개하며 신뢰의 가
치와 중요성을 증명한다.

《**신뢰의 법칙**》데이비드 데스테노(지음), 박세연(옮김) | 웅진지식하우스(2018)

누군가를 전적으로 믿는다는 건 무척 어려운 일이다. 누군가를 믿기로 할 때 우리
는 자기 운명의 일부를 남의 손에 맡기기도 한다. 이처럼 신뢰하며 결정한 우리의
선택은 삶을 송두리째 뒤바꿀 수도 있다. 사람과 사람 사이에서 벌어지는 신뢰의
메커니즘을 파악하는 데 유용한 책이다.

《**신뢰를 파는 것이 세일즈다**》나상오, 김신우, 이소형, 강상옥, 이수미, 오정환(공저) | 한
국세일즈코치협회(엮음). 호이테북스(2017)

다양한 세일즈 분야에서 오랫동안 많은 경험을 한 저자들이 자신들의 경험을 녹여 효과적이고 성공적인 세일즈에 대해 밝히고 있다. 세일즈는 기본적으로 사람과 사람 사이의 관계이자, 결과물이다. 성공한 세일즈맨들은 놀랍게도 상품이나 서비스보다 신뢰를 파는 데 더 공을 들인다.

《신뢰 이동》 레이첼 보츠먼(지음), 문희 (옮김) | 흐름출판(2019)

이 책의 저자 레이첼 보츠먼은 전 세계의 사례들을 통해 '인간 신뢰'의 달라진 양상을 '분산 신뢰'라고 말하며, 그 결과 우리의 선택과 행동 양식이 어떻게 달라졌는지를 소개한다. 그리고 이러한 변화가 우리의 인간관계와 사업, 삶 전반에 어떤 영향을 미칠지 심사숙고하도록 이끈다.

03

희망의 연대망

Network은 좋은 사람이 함께 만드는
희망의 연대망

좋은 사람을 만나는 비결은 무엇일까? 일단 내가 먼저 좋은 사람이 되어야만 한다. 내가 좋은 사람이 되어 다른 사람에게 다가설 때 다른 사람이 나에게 다가오게 마련이다. 진심을 다해 다가서고 그럼에도 불구하고 받아주지 않으면 정중하게 물러서야 한다. 사실 예의를 갖추어 정중하게 물러서는 일도 결코 쉽지 않다.

우리 자신에게 이런 질문을 해보자.

'과연 나는 얼마나 간절한 마음으로 진정성을 갖춘 채 다른 사람에

게 다가섰는가?'

다가섬과 물러섬의 때를 아는 것은 기술이 아니라 도(道)에 가깝다. 실제 우리 삶에서 경험해보지 않고서는 책상에서 머리만 쓴다고 알 수 있는 앎이 아니다. 상대방의 표정과 행동거지를 살펴보면서 옆에서 곁으로 다가설 때와 곁에서 옆으로 물러설 때를 직감적으로 판단할 수 있는 법이다. 이는 신체적 각성이요, 체험적 통찰이다.

머리로 아는 게 아니라 가슴으로 느낄 줄 알아야만 혜안과 안목이라 부를 만하다. 도전하다 실수하거나 실패해도 눈 질끈 감아주고 다시 용기를 북돋아주는 곳, 극한의 절망적인 상황에서도 더불어 살아가는 인생의 파트너가 함께 힘을 내어 난국을 돌파하고, 불가능한 일을 가능한 일로 바꾸는 Network에서 오늘도 미래를 향하는 희망의 등불이 켜진다.

《이런 사람 만나지 마세요》 유영만 | 나무생각(2019)

강의실에서 만나는 학생들뿐만 아니라 강연을 통해 국내외의 다양한 사람들을 만나고 교류하면서 유영만 교수는 우리 개개인은 자신의 행복을 위한 주체이자 타인의 행복을 만들어가는 조건임을 깨닫고, 인간관계에 대해 오랜 시간 생각해 왔던 내용을 책으로 풀어냈다.

《데일 카네기 인간관계론》 데일 카네기(지음), 임상훈(옮김) | 현대지성(2019)

데일 카네기가 전하는 성공하는 인간관계의 비밀을 다루었다. 사람을 다루는 핵심 원리는 무엇일까? 어떻게 하면 호감형 인간이 될 수 있을까? 원하는 것을 얻어내는 가장 효과적인 방법은 무엇일까? 인간관계는 친구를 만들고 적을 만들지 않는 것에서 시작된다. 이런 인간관계의 핵심을 밝히는 책이다.

《이것이 인간관계다》데일 카네기(지음), 안진환(옮김) | 헤르몬하우스(2021)

데일 카네기가 남긴 이야기들 중 현재 우리에게 실질적으로 도움이 되는 조언을 간추린 자기계발서다. 그의 조언은 복잡하고 각박한 세상, 치열한 경쟁에 시달리며 사는 우리들에게 걱정과 두려움 없는 평온한 마음으로 자신의 의지, 생각대로 살 수 있도록 해준다.

《인간 관계의 법칙》로버트 그린(지음), 강미경(옮김) | 웅진지식하우스(2020)

세계적인 밀리언셀러 저자 로버트 그린의 책이다. 인간 사회를 지배하는 권력과

그에 대한 욕망을 꾸준히 파헤쳐온 저자는, 이 책 인간 관계 전략서를 통하여 힘과 가장 거리가 먼 약자들이 권력을 얻어내는 방식을 집중적으로 분석하고 있다.

《관계에도 연습이 필요합니다》 박상미 | 웅진지식하우스(2020)

1,000회 이상 관계 수업을 진행해온 저자가 효과가 검증된 좋은 관계 맺기 방법을 소개한다. 타인과의 관계에서 의연하게 대처하는 기술, 새로운 시대에 건강한 관계를 유지하는 방법 등을 공개하고 있다.

04

축제의 경연장

Network은 열정으로 맺어진
축제의 경연장

사람은 한결같이 열정을 내뿜을 수 없다. 어떤 일을 진행하다가 지치기도 하고, 그 일이 하기 싫어서 한 발 빼고 싶은 상황도 있다. 더 나아가 하던 일을 완전히 포기하고 싶을 만큼 힘들고 어려운 국면에 직면하는 경우도 있다.

그럼에도 불구하고 사람이 다시 일어나 앞으로 나아가고 밖으로 나가는 이유는 우리 삶이 지금 이대로의 지루한 삶을 반복해서 살아가기엔 너무 아깝고 안타까운 생각이 들기 때문이다.

Network은 혼자서 이루기 불가능한 일을 모두 힘을 합침으로써, 도저히 불가능할 것 같았던 일을 가능하게 만드는 열정 공동체다. 열정은 목적을 향하는 뜨거운 마음이자 지금 이대로 살아서는 안 된다는 대오각성이 뿜어내는 결연한 각오의 다른 이름이다.

Network은 작은 성공 스토리도 함께 공유하면서 더 큰 성장과 발전으로 이어가는 축제의 경연장이다. 오늘 성취한 비록 작은 성공 스토리라도 함께 공유하면서 성취감을 느끼고, 뿐만 아니라 그것으로 이루어낸 성장과 성숙을 함께 축하해주며, 서로의 발전을 도모하는 축제의 경연장이 바로 Network이다.

《몰입 - 인생을 바꾸는 자기 혁명》황농문 | 알에이치코리아(2007)

몰입'이 잠재된 우리의 두뇌 능력을 첨예하게 일깨워 능력을 극대화하고 삶의 만족도를 최고로 끌어올리는 방법이라고 이야기한다. 이 책은 '왜 우리가 몰입적 사고를 해야 하는지' '어떻게 몰입으로 천재성을 끄집어낼 수 있는지'에 대해 생각하도록 이끌어준다.

《파리에서 도시락을 파는 여자》켈리 최 | 다산북스(2021)

사업에 실패하고 '루저 마인드'에 빠져 있던 저자가 마침내 놀라운 성공을 구현해낸 이야기다. 유럽 11개국 1,200개 매장, 연매출 5,400억 원의 글로벌 기업 켈

리델리의 창업자 켈리 최의 기적 같은 여정을 소개한다. 그가 찾은 성공과 행복의
정수를 담은 이야기다.

《열정과 몰입의 방법》 케네스 토마스(지음), 장윤재, 구자숙(공저) | 지식공작소(2011)

우리가 아는 경영학에서는 보상과 처벌로 근로 동기를 부여할 수 있다고 말한다.
그러나 저자는 경영학의 연구 대상이 인간, 인간의 감정이어야 한다고 주장한다.
저자는 외적 동기 모델로 대표되는 기존의 경영학을 뒤엎고 인간의 감정을 중요
한 경영 대상으로 다루고 있다.

《룬샷 - 전쟁, 질병, 불황의 위기를 승리로 이끄는 설계의 힘》 사피 바칼(지음), 이
지연(옮김) | 흐름출판(2020)

'미친' 아이디어라고 손가락질받던 '룬샷'이 어떻게 전쟁, 질병, 비즈니스의 위기를 승리로 이끌었는지 과학자와 경영자의 눈으로 탐구한 책이다. 기존의 질서와 상식이 무너지는 시대에 돌파구가 필요하다면 이 책에서 도움을 받을 수 있다.

《오리지널스 - 어떻게 순응하지 않는 사람들이 세상을 움직이는가》 애덤 그랜트(지음), 홍지수(옮김) | 한경비피(2020)

저자 애덤 그랜트는 독창성에 대해 전혀 새로운 시각을 제시한다. 그는 누구나 내면의 창의성을 발휘해 자신의 삶과 세상을 바꿀 수 있다고 강조한다. 이 책은 창의적인 생각을 실제로 적용하고 추진하는 것을 망설이는 사람들에게 통찰을 제공하고 있다.

배움의 공동체

Network은 서로 성장하는
배움의 공동체

공부하는 사람만이 세상의 변화에 뒤처지지 않는다. 공부하지 않는 사람에게 세상은 귀찮고 두려운 세계일 뿐이다. 끊임없이 사람을 만나고 책을 읽으며, 어제와 다른 방식으로 미지의 세계로 향하는 배움의 끈을 놓지 않는 사람만이 낡은 생각의 나락으로 빠져들지 않고 익은 생각을 만들어낸다.

몸이 늙는 과정은 건강식품으로 어느 정도 막을 수 있지만, 우주와 자연의 신비를 거스를 수 있는 방법은 없다. 다만 생각이 낡아빠져서 고정관념이나 통념으로 굳어지는 과정은 꾸준히 공부하면서 어느 정도 막을 수 있다.

낡아빠지려는 생각을 붙잡고 생각에 윤활유를 추가하려는 몸부림
이 바로 낯선 환경과 부딪히면서 새로운 생각을 잉태할 수 있는 절호
의 기회다. 낡은 생각을 날조하는 꼰대에서 벗어나 익은 생각을 창조
하는 참다운 리더들이 배우고 익히는 즐거움을 나누는 열정 공동체가
Network이다.

Network은 끊임없이 배우는 사람의 깨달음으로 이어지는 체험적
깨달음의 공동체다. 깨달음이 공유되지 않는 Network은 죽은 공동
체와 마찬가지다.

《**공부는 망치다**》유영만 | 나무생각(2016)

저자 유영만 교수는 "공부는 영원히 완성할 수 없지만 어제와 다른 의미 있는 차이를 반복하는 재미있는 축제"라고 정의한다. 따라서 공부하는 사람은 행복하고, 행복한 사람은 쉬지 않고 공부하는 사람이다. 한 번 빠지면 빠져나올 수 없는 즐거운 공부의 세계로 여러분을 안내한다.

《**아이러니스트**》유영만 | EBS BOOKS(2021)

아이러니스트는 철학자 리처드 로티가 창안한 개념으로 기존 문법을 파기하고 자기만의 언어 사용 방식으로 자신의 삶을 이전과 다르게 만들어가는 시인, 소설

가와 같은 사람을 지칭한다. 나다운 나, 지금 인생을 다시 한 번 완전히 똑같이 살아도 좋은 삶을 일구고 싶은 분들에게 아이러니스트가 될 것을 제안하는 책이다.

《유라투스트라는 이렇게 말한다》 유영만 | 모루(2020)

니체가 강조한 수많은 아포리즘을 '유라투스트라'라는 메타포를 사용하여 내용을 펼쳐나간다. 니체의 말(철학)과 저자의 체험적 경험을 절묘하게 배치해 우리 앞에 놓인 각종 삶의 문제들을 진지하게 성찰하고 고민해볼 것을, 나아가 실천하고 행동할 것을 강력히 촉구한다.

《나는 배웠다. 그리고 아직도 배우고 있다》 유영만 | 서울문화사(2015)

유영만 교수가 전하는 '나의 삶을 나답게 살기 위한 배움 지침서'이자 사고가 유

연해지고 직면한 문제의 우회로를 찾아주는 유쾌한 배움 전도서. 인생의 지혜는 학교 밖에서 배우는 일이 더 많다. 우리 주변 모든 것들로부터 배울 점이 있음을 알려주는 책이다.

5. 《마스터리 법칙》 로버트 그린(지음), 이수경(옮김) | 살림(2013)

책의 저자는 인간의 잠재된 능력을 최대치까지 끌어올린 힘을 '마스터리'라고 명명했는데, 아무리 평범한 사람도 일생에 한 번쯤은 '마스터리'라는 힘을 경험한다고 말한다. 내 안에 숨겨진 최대치의 힘을 평소에도 어려움 없이 끌어내는 방법을 소개한다.

06

가능성의 텃밭

Network은 다름으로 차이를 만드는
가능성의 텃밭

공동체의 건강은 다양성을 존중하고, 다름과 차이를 인정해줄 때 비로소 확보된다. 비슷한 생각과 의견을 갖고 있는 사람끼리 어울리는 편안함도 있지만, 낯선 사람과 마주침으로 색다른 깨우침과 가르침을 얻는 만남도 의미심장하다.

다름과 다름 사이에 차이가 존재한다. 그러나 그 차이를 존중하고 각자 배움의 출발점으로 삼을 때 다름과 다름의 사이는 좋은 사이로 변모해간다. 사이가 좋아지면 차이는 색다른 가능성을 꽃피우는 밑거름으로 작용한다.

늘 만나는 사람과 익숙한 방식으로 만남이 이어지면 어제와 다른 가능성의 씨앗이 뿌려지지 않는다. 나와 다른 삶을 살아오면서 다른 생각을 품고 있지만 왠지 그 사람을 만나면 나에게 건강한 에너지를 주는 사람, 만나면 저절로 힘이 생기고 의욕이 솟구치는 사람, 표정만으로도 깊은 공감을 주고받으며 순식간에 다가설 수 있는 사람을 만날 때 Network은 기존 기능을 능가하는 새로운 가능성의 텃밭으로 작용한다.

《기린과 코끼리에게 배우는 공생의 기술》 유영만 | 김영사(2007)

이 책은 '지속 생존'에 대한 기존의 개념을 뒤집으며, '공생'을 통한 새로운 성장 모델을 명확하게 제시한 우화이다. 비즈니스 정글에서 살아남기 위해 반드시 알아야 할 100년 지속 성장의 핵심 DNA와 공생 전략을 소개한다.

《생각지도 못한 생각지도》 유영만 | 위너스북(2017)

대부분의 사람이 '상식선에서...'라는 말을 거들먹거리기 좋아한다. 그러나 세상은 '상식'적이지 않으며 상식 밖의 일들이 더 많이 일어난다. 사실 '상식'이란 관념은 색다른 시도를 도모하려는 행동과 생각을 가로막는 방해꾼에 불과하다. 이 같은 이야기를 풀어낸 유쾌한 책.

《회복 탄력성》김주환 | 위즈덤하우스(2019)

국내 최초로 '회복탄력성'이라는 개념을 제시하며 언론, 교육계, 심리학계의 주목
을 받은 책. 저자는 회복탄력성으로 어려움을 이겨낸 사람들의 사례를 소개하고,
수십 년 간 이어온 회복탄력성에 대한 연구결과를 제시해 설득한다. 스스로 회복
탄력성 지수를 진단함으로써 회복탄력성을 키울 수 있도록 이끌어준다.

《실행이 답이다》이민규 | 더난출판사(2019)

이민규 교수가 생각을 성과로 이끄는 성공 원동력을 소개한 책이다. 수많은 상담
자들의 사례를 중심으로 그동안 사람들이 실천하지 못하는 원인이 무엇인지 분

석하고, 성과를 만들게 하는 '실천 지렛대'를 제시한다. 저자는 사람들이 번뜩이는 아이디어나 완벽한 계획을 가지고도 실행하지 못하는 이유가 의지 부족이나 끈기 부족이 아니라고 설명한다. 뛰어난 성과를 내는 사람들은 '실천 지렛대'를 사용하며, 평범한 사람이라도 이것을 사용하면 실행력을 얼마든지 키울 수 있다고 말한다.

《아주 작은 습관의 힘》 제임스 클리어(지음), 이한이(옮김) | 비즈니스북스(2019)

저자의 생생한 경험과 생물학, 뇌과학, 심리학의 최신 연구 결과를 집약해 습관 하나로 인생을 변화시킬 수 있는 노하우를 제시한다. 우리가 정말 변할 수 있는 습관을 만들려면 방법도 과거와 완전히 달라져야 한다고 강조한다. 책에서 소개하는 4가지 법칙은 결심(1법칙), 매력적(2법칙), 쉬워야 함(3법칙), 만족스러워야 함(4법칙) 등이다.

완행열차

Network은 행복으로 가는
완행열차

행복은 '속도'가 만들지 않고 '밀도'가 만든다. 밀도는 내가 매순간 느끼는 삶의 충만감이다. 아침 식사 후에 마시는 커피 한 잔의 여유에서 느끼는 행복감도 밀도감이다. 밀도가 높아지려면 이전과 다르게 세상을 바라보는 각도가 확보되어야 한다.

하지만 속도가 빨라지면 각도는 좁아지고 세상을 다르게 바라보며 생각할 수 있는 여유가 사라지고 만다. 속도와 효율은 높아지지만 더불어 내 삶의 행복감이 반감되는 이유는 목적지를 향해 너무 질주하기 때문이다. 목표도 중요하지만 목표를 달성하는 과정을 즐기지 않고 앞만 보고 달리면 목숨도 위태로워진다.

Network은 나와 더불어 행복한 꿈의 목적지로 가는 사람들이 완행열차를 타고 지금 이 순간의 재미와 의미를 즐기는 꿈의 공동체다. 급행열차를 타고 목적지를 향해 질주하기보다 완행열차를 타고 느림의 여백과 여유를 즐기면 어떨까? 살아가는 재미와 감동적인 삶의 의미를 곱씹으며 경이로운 감동과 감격을 벗 삼아 감탄사를 연발하는 곳이 바로 Network이다.

《**곡선으로 승부하라**》 유영만, 고두현(공저) | 새로운 제안(2016)

사람들은 목표를 달성하기 위해 직선으로, 앞으로 달려가야 한다고 믿어왔다. 하나의 목표를 달성하면 또 다른 목표를 향해서 이전보다 더 빨리 도전하고 실행하는 것을 중요하게 여겼다. 그러나 그렇게 목표를 달성하며 살아가는 삶이 과연 행복할까? 경쟁, 속도전, 효율, 성과주의로 상징되는 키워드 '직선'을 대체하는 삶의 패러다임으로 '곡선'을 제시한다.

《**부자의 1원칙, 몸에 투자하라**》 유영만, 김예림(공저) | 블랙피쉬(2021)

모든 사람이 부자를 꿈꾼다. 하루 중 가장 많은 시간을 경제 활동에 할애하며, 근

로 소득을 불리고자 재테크에 골몰한다. 그러나 이 책은 '부자가 되고 싶다면 재테크보다 근筋테크를 하라'고 강조한다. 삶의 주체인 몸에 투자하자는 것이다. 저자들은 운동을 중심으로 일어나는 삶의 변화들을 연구하면서, 진정한 부자들의 삶이 밥 먹듯 운동하는 이들의 삶과 데칼코마니처럼 닮았음을 발견한다.

《꾸뻬 씨의 행복 여행》 프랑수아 를로르(지음), 이지연(그림), 오유란(옮김) | 오래된미래 (2014)

마음의 병을 앓는 사람들을 치료하던 정신과 의사가 행복의 참된 의미를 찾아 여행을 떠난다는 소설. 정신과 의사인 저자는 불안한 심리 상태로 살아가는 사람들을 지켜보며 어떤 심리학적 설명보다 한 편의 이야기가 더 사람의 마음을 움직일 수 있다고 생각했다. 그리고 자신의 환자들을 진료하며 얻은 경험과 생각들을 바탕으로 소설을 썼다. 영화로도 만들어진 베스트셀러다.

《행복의 조건》 조지 베일런트(지음), 이덕남(옮김), 이시형(감수) | 프런티어(2010)

하버드 연구팀은 총 814명의 수십 년 생애에서 살아 움직이는 삶과 행복의 조감도를 펼쳐 보여준다. 그리고 행복의 조건을 소개하고 있다. 사람들은 행복을 누림으로써 진정 빛났던 사람들의 '일생'을 간접 경험하고 자신의 삶을 재가동할 기회를 얻는 기회로 삼을 수 있다.

《굿 라이프》 최인철 | 21세기북스(2018)

저자는 그동안 자신의 연구팀이 수행해온 다양한 연구 결과를 바탕으로 허공에 떠 있는 듯한 행복 개념을 재정의한다. 그리고 행복뿐만 아니라 의미와 품격을 더한 '굿 라이프'의 구체적인 방법론과 굿 라이프를 통해 얻을 수 있는 깊이 있는 통찰을 독자들에게 소개하고 있다.

오뚝이 양성소

Network은 거절을 먹고 사는
오뚝이 양성소

Network은 숱한 실패를 거울삼아 어제와 다른 실력을 쌓아가는 실패 박물관이다. 실패는 패배했다는 비운의 소식이 아니라 지금까지 하던 방식으로는 더 이상 통하지 않으니 과거와 다르게 시도하라는 격려이자 위로의 신호다.

Network은 지금까지와는 다른 사람을 만나 다른 삶을 살아갈 수 있도록 진심으로 고객을 도와주며 행복한 삶으로 인도하는 건강한 에너지 충전소다. 하지만 사람이 사람을 만나는 가운데 기쁨과 즐거움도 만끽하지만 말 못 한 상처와 고통도 동시에 겪는다. 세상은 내 맘

같지 않기 때문에 내 생각만큼 다른 사람이 생각해주지 않는다.

한두 번 거절당하고 나면 거두절미(去頭截尾)하고 절망하고 싶어진다. 거절당하고 기운이 떨어져 주저앉고 싶어도 다시 일어서는 오뚝이를 길러내는 양성소가 Network이다. 거절은 아직 거리가 좁혀지지 않았다는 긍정적 도전의 다른 이름이다. 내가 말하는 모든 언어에 체중을 실어 진심을 담아 나의 철학과 신념을 전달할 때 상대는 어느 순간부터 굳게 닫힌 마음을 열어 보여준다. 그렇게 마음이 움직인다.

《브리꼴레르》유영만 | 쌤앤파커스(2013)

'브리꼴레르'는 인류학자 레비 스트로스의 개념에서 출발한다. 이들은 지식을 체계적으로 축적해서 실력을 쌓은 전문가라기보다 체험을 통해 해박한 식견과 안목을 갖게 된 실전형 전문가에 가깝다. 저자는 브리꼴레르를 통해 차이를 지식으로 만드는 융합형 인재, 정답 대신 다양한 현답을 찾는 실천적 지식인의 인재상을 소개한다.

《실패를 사랑하는 직업》요조(Yozoh) | 마음산책(2021)

뮤지션 요조의 음악과 일상, 다방면의 예술가들, 인간관계, 달리기, 채식, 책방 운

영에 이르기까지, 작가의 내면을 만들어온 다종다양한 이야기가 담긴 산문집이다. 발을 헛딛고 패배해도 끝내 무언가 만들어내는 끈기, 음악가 요조가 들려주는 예술가의 하루하루를 엿볼 수 있다.

《쇼더플랜》 돈 페일러 | 에스북(Sbook, 2017)

그동안 우리가 해온 네트워크 마케팅 사업방식은 틀렸다. 우리 삶을 바꾸어줄 45초 프레젠테이션! 네트워크 마케팅의 개념을 소개하며 네트워크 마케팅 사업의 매뉴얼로 활용 가능한 책이다. 특히 네트워크 마케팅 사업을 처음 시작하는 분들이 참고할 만한 도서라고 보인다.

《계획이 실패가 되지 않게》 이소연 | 다산북스(2021)

직장에서 퇴근하면 집에 누워만 있던 직장인이 인생을 바꾼 단 하나의 비결은 무엇이었을까? 그것은 다름 아닌, 구글의 목표 달성법, OKR이었다. 이 책은 영감을 불러일으키는 목표와 단순하고 명확한 이정표로 이루어진 OKR을 소개한다. 막연히 꿈꾸던 인생을 진짜 현실로 바꾸기 위한 팁이 실려 있다.

《써먹는 실패학》 하타무라 요타로(지음), 김동호(옮김) | 북스힐(2016)

저자는 지금까지 축적해온 실패학의 방대한 연구 성과 중 개인이 사용할 수 있는 것을 처음으로 정리하여 책으로 엮었다. 실패에서 배우면 큰 실패를 막고, 성공의 지렛대로 활용할 수 있다는 것이 연구의 핵심이다. 실패가 두려워 시도조차 하지 않는 사람들이라면 이 책을 참고할 만하다.

폼 잡지 말고 품어야 피어난다

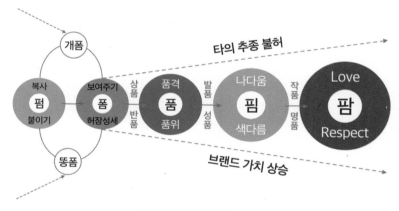

폼 잡지 말고 품어야 필 수 있다

가장 낮은 단계의 사업자는 남의 성공 이야기를 부지런히 퍼나르면서 다른 사람과 공유하는 데 많은 시간을 보내는 사람이다. '펌'에 주력하는 사람은 체험적 스토리나 깨달음으로 얻은 교훈이 부족하고 다른 사람의 주장이나 의견에 종속되어 살아간다. 이들은 주로 남의 이야기를 무단으로 복사해 마치 자기주장처럼 적용하는 경우도 많다. 누군가 고뇌하는 가운데 감동적인 메시지를 작성했을 텐데 그런 이야기를 출처 없이 퍼나르는 사람들끼리 공유하면서 원저자와는 관계없는 특정한 사람이 글의 소유자로 둔갑하는 일도 발생한다.

두 번째 단계의 사업자는 개폼이나 똥폼처럼 보여주기 위한 허장성세를 즐기는 사람이다. 본인은 멋있다고 생각하지만 남들 보기에는 아직 갈 길이 먼 자세나 태도를 개폼이니 똥폼 잡는다고 한다. 이들은 다른 사람의 입장을 전혀 고려하지 않고 오로지 자기과시에 매몰된 사람이다. '폼' 잡는 사람은 무슨 주장을 하지만 직접 깨달은 이야기를 일정한 논리체계에 맞게 근거를 갖고 이야기하지 않고 허풍과 거짓이 뒤섞인 난삽한 무리수가 많다. '폼'은 스스로 노력해서 만들어야 하지만 진정한 '폼'은 다른 사람이 인정하고 존중할 때 생긴다. 이들은 주로 반품조차 불가능한 상품개발에 주력하지만 시장에서 그렇게 많은 인정을 받지 못한다.

세 번째 단계부터 사업자는 사업가로 변신을 시작한다. '폼' 잡는 사업자에서 상대방을 '품'어주는 사람으로 바뀌기 때문이다. '폼'과 품의 차이가 말해주듯, 자기 중심의 '폼'에서 타자 중심의 '품'은 격이 다르다. 자음 하나 바뀌었을 뿐인데, 느낌이 완전히 다르다. 상대의 아품을 마치 나의 아픔인 것처럼 감싸 안고 어루만져주며 '품'을 지향하는 사람은 품격이 남달라 보이고 품위가 우아하다. 우아한 품위는 자기 자랑을 일삼고 남들에게 허장성세를 떠는 사람에게는 절대로 발견할 수 없다. '폼' 잡지 말고 '품'기 시작할 때 평범한 사업자가 위대한 사업가로 변신하는 첫 단추를 꿰기 시작한다. 타인의 아픔을 치유하고자 발 벗고 나서고 발품을 팔 만큼 나무랄 데 없는 성품을 지니고 있다.

네 번째 '핌'의 단계부터 자기 사업의 꽃이 피고 열매가 맺어진다. 상대의 아픔이나 결핍된 욕망을 읽어내고 이해해주는 '품' 단계를 오랫동안 지속하면 드디어 그동안 축적된 노력의 흔적들이 기적의 결실을 맺기 시작한다. 오랫동안 타인의 아픔을 품고 지내며 생긴 품격과 품위는 더욱 존경받는 인격으로 발전하면서 가장 나다운 아름다움, 즉 색다름의 꽃이 피기 시작한다. 나다움 또는 자기다움의 꽃은 필수록 다른 꽃들과 비교할 수 없는 색다름으로 무장되어 있다. '핌' 단계의 사업가는 자신의 철학과 혼이 담긴 작품을 개발함으로써 다른 사람들이 보기에 대체 불가능한 명품으로 인정받는다.

마지막으로 사업가는 자신이 개발한 작품을 팔려고 노력하지 않는다. 작품 속에 담긴 열정과 날카로운 문제의식, 고객을 향하는 관심과 애정이 고스란히 담겨 있다. 사업자가 자기 돈을 투자해서 상품을 팔

나가는 글

려고 노력하는 것과는 차원이 다르다. 고객이 사업가의 철학과 영혼이 담긴 작품을 명품으로 수용하면서 사랑과 존경을 동시에 표현한다. 상품은 신상품으로 곧 대체되지만 작품은 소장가치가 있을 만큼 특별한 의미가 있다. 상품은 포장하고 위장해서 과장하지만 작품은 고객의 심장을 공략해서 애간장을 녹이며 영원히 잊을 수 없는 추억의 도장을 찍는다.

자기 이야기 없이 남의 주장에 종속되어 살아가는 '펌' 단계와 '폼' 단계의 사업자는 고객의 아픔을 어루만지고 자신의 품격을 높이는 '품' 단계의 비범한 사업가로 변신해야 한다. 사업가 자신의 철학과 영혼이 담긴 작품이 개발되면서 고객에게는 명품으로 인식되는 '핌' 단계를 추구하는 사업가의 전략이 드러난다. 핌 단계에서 자기다움으로 저절로 색달라지는 작품의 꽃이 피고 열매가 맺는 '핌'의 단계에 이르면, 그 순간부터 일부러 상품을 팔기 위한 마케팅을 하지 않아도 절로 사업가의 철학과 영혼이 담긴 작품이 팔리기 시작하는 '팜' 단계로 진입한다. 특정 상품을 사랑하는 수준을 넘어 대체 불가능한 작품을 사랑하는 감정이 동시에 생길 때 비로소 사업가의 철학은 삶을 지배하는 소중한 가치로 인정받는다.

미래는 '폼' 잡는 사람보다 타인의 아픔을 나의 아픔처럼 품어주며 '플랫폼(platform)'에서 선한 영향력을 행사하는 사람이 이끌어간다. 플랫폼은 일종의 정거장이다. 내가 어딘가를 가려면 반드시 가야 하는 곳이 정거장이다. 정거장에 가면 내가 목적지로 이동할 운송수단을 이용할 수 있다. 플랫폼은 어딘가로 이동할 사람이 이용하는 운송수단과 만나는 접점 지대다. 원래는 없었지만 누군가의 필요에 의해서 계획된 의도로 특정한 장소를 정거장으로 만드는 순간 어딘가로 이동하고 싶은 사람은 여기로 와야 한다. 정거장의 이런 의미는 플랫폼의 어원을 분석해봐도 쉽게 이해할 수 있다. 플랫폼은 'plat(구획된 땅)'과 'form(형태)'의 합성어다. 정거장이 플랫폼이 되는 이유는 특정한 목적으로 구획된 땅의 형태를 띠고 있기 때문이다. 플랫폼은 이처럼 원래는 다른 목적으로 사용되고 있거나 아무 용도 없이 방치되었던 무대가 새로운 계획으로 존재하지 않았던 무대가 생기면서 이전과 다른 상호작용이 일어나는 새로운 공간이나 장소의 형태를 의미한다.

사업자는 '폼' 잡지만 사업가는 '플랫폼'을 잡는다. 사업가는 미래를 예견하는 선견지명과 현실을 읽어내는 혜안으로 사람들이 저마다의 생각과 아이디어를 교환하는 역동적인 만남을 통해 꿈을 펼치고 실현하는 무대를 만들어낸다. 그 무대가 플랫폼이다. 플랫폼은 다른 세계에서 다른 생각을 하는 사람을 만나 에너지를 주고받으며 삶의 의미와 가치를 나누는 일종의 행복 충전소다. 사업가는 자신의 안위와 이익만을 추구하지 않고 더불어 행복한 공동체를 만들기 위해 자신이 무엇을 해야 할지를 고뇌하는 리더다. 사업가는 행복한 삶을 영위하는 데 필요한 가장 소중한 '플랫폼'이 무엇인지, 그 위에서 사람과 사람이 만나 따뜻한 관심과 사랑을 나누며 아껴주는 인간적 미덕을 어떻게 공유할지를 불철주야 모색하는 사람이다.

〈아름다운 세상을 위하여〉라는 영화가 있다. 사회 선생님인 오이진 시모넷(케빈 스페이시 분)이 학생들에게 '세상을 바꿀 수 있는 아이디어를 하나씩 구상한 다음 그걸 행동으로 옮기라(Think of an idea to change our world. And put it into action)'는 숙제를 내준다. 그중 한 학생인 트레버(할리 조엘 오스먼트 분)가 자기 주변에 있는 세 명을 변화시키면서 그 세 사람에게도 동일한 임무를 준다. 당신들도 내가 한 것처럼 세 명을 바꾸라고…이렇게 시작은 미약하였으나 세 명이 다시 세 명을 바꿔나가다 보면 마침내 세상을 바꾸는 혁명이 시작된다고…

플랫폼에서는 이런 혁명이 얼마든지 일어날 수 있다. 나와 뜻을 같이 하는 확실한 세 명의 리더를 키우고, 다시 그 리더 역시 세 명의 또 다른 리더를 키워나가다 보면 세상은 우리가 원하는 행복한 공동체로 발전할 수 있다. 오늘 행동으로 옮기기 위한 작은 '보행'이 내일의 운명을 바꾸는 '행보'로 바뀌어 기적이 된다. 이런 믿음으로 오늘 하루도 인생에서 가장 소중한 경이로운 시간으로 살아가자.

아직 진행 중인
유영만의 도전

필자는 지금까지 크고 작은 도전을 통해 용기 있는 결단을 하면서 열정적으로 살아온 삶의 보잘것없는 스토리를 갖고 있다. 대표적인 내용을 몇 가지 몇 소개하자면 2012년 사하라 울트라 마라톤에 출전, 6박 7일 동안 하루 40킬로미터를 달리는 사막 마라톤 도전, 2014년 히말라야 안나푸르나 베이스캠프 등정, 2014년 제주도 100킬로미터 울트라 마라톤 도전, 2015년 아프리카의 지붕 탄자니아의 킬리만자로 5,890미터 등정 등이다.

코로나 시절이 끝나 몸이 자유로워질 경우, 나는 전 세계 7개 대륙

2014년 제주도 100킬로미터 트레일러닝 완주

의 최고봉에 오를 것이라는 버킷리스트를 갖고 있다. 코로나 시절을 살면서 늘 해오던 아웃도어 어드벤처(outdoor adventure) 활동을 못 하게 되어 아쉽던 차에, 2021년 2학기부터 연구년을 맞이하여 가슴 뛰는 도전 프로젝트를 찾았다. 자전거로 인천 아라뱃길에서 부산 낙동강 하굿둑까지 가는 국토 종주였다. 이 종주는 4대 강을 포함, 통일 전망대에서 울진까지 내려가는 동해안과 경북 코스, 그리고 제주도 환상 자전거 길을 타는 국토 완주 그랜드 슬램이 심장 뛰는 도전 프로젝트다. 9월 중순에 시작하여 12월 초 제주도 환상자전거 길을 완주하기까지 최단기간 내에 국토 종주는 물론 국토 완주 그랜드 슬램 도전 프로젝트를 성공적으로 마쳤다. 생각지도 못한 펑크도 나고 체인과 자전거 짐받이도 끊어지는 사고도 경험했다. 국토 완주 그랜드 슬램 코스 중 가장 기억에 남는 일정은 섬진강 코스다. 본문에서도 밝혔듯이 전북 강진으로 가야 섬진강 생활체육공원 인증부스에 도착할 수 있는데, 전남 강진으로 가는 고속버스를 탄 기억이 쉽게 잊히질 않는다.

지금까지 추진해온 도전 프로젝트와는 별개로 현재 진행 중인 버킷리스트가 더 있다. 다름 아닌 책 100권을 출간하고 100권 기념회를 색다르게 개최하는 버킷리스트가 그것이다. 그리고 책의 인세를 모아 장학재단을 만드는 꿈의 프로젝트다. 1995년에 출간한 《지식경제시대의 학습조직》[30] 이후 지금까지 번역서를 포함하여 90여 권을 출간했다. 꿈에 그리던 100번째 책을 출간할 시기도 멀지 않았다. 이런 속도로 출간한다면 아마도 2023년 하반기에는 목표들 이룰 수 있을 듯하다. 이렇게 내가 열심히 책을 쓰는 이유는 고시공부를 하기 위해 대학으로 인도했던 매개체가 책이기 때문이다. 책을 통해 길을 알았지만, 그 길 역시 내가 가면 행복한 길이 아니라는 사실도 책이 알려주기도 했다. 덕분에 책의 소중한 가치를 깨달았다.

방황하는 사람들에게 내가 깨달은 체험적 성찰과 교훈을 전해주려

---

30 《지식경제시대의 학습조직》 유영만, 고도컨설팅그룹출판부(1995)

1995년부터 집필, 번역한 책들(필자 연구실 소장)

는 목적도 있지만, 책을 열심히 쓰는 가장 큰 이유는 따로 있다. 인세를 모아 나를 키워준 한양대학교에 장학재단을 만들어 후배들에게 작은 도움이나마 주고 싶다. 100권째 출간될 책은 상징적으로 권당 책 가격을 100만 원으로 설정하여, 100명의 주요 지인들에게 팔아 장학 기금으로 조성하려는 계획이다!(혹 이 글을 보시는 지인들은 너무 당황하지 말기 바란다. 후학들을 위한 대의적 차원의 필자의 원대한 계획에 기꺼이 동참해 주리라고 믿어 의심치 않는다) 아무튼 글은 한 사람의 삶을 담아낸다. 내가 살아온 삶만큼 글을 쓸 수 있고 읽을 수 있다. 이전과 다른 글을 쓰기 위해서 이전과 다른 삶을 살아야 하는 이유다. 책은 한 사람의 고유한 삶을 담아내는 불멸의 예술 작품이다. 첫 책을 출간한 1995년부터 지금까지 매년 2~3권의 책을 꾸준히 낸 흔적이 축적되어 100권의 책을 출간하는 경이로운 기적이 눈앞에 다가왔다.

경이로운 기적은 비단 책 쓰기뿐만이 아니다. 직장인이든, 학생이든 또는 사업가든 할 것 없이 자신의 자리에서 뭔가를 꾸준히 궁리, 도모, 실천하면 누구나 이룰 수 있는 게 기적이다. 남들이 평가할 땐 한심하고 어리석은 일처럼 보이더라도 쉬지 않고 꾸준히 한 가지 일을 하면, 결국 원하는 결과를 얻는 게 세상 이치다. 필자의 경험이 그렇다. 앞에서 소개한, 90세 넘은 중국 북산의 우공(愚公)이 700리 둘레, 만 길 높이의 산을 옮기겠다는 말은 허언이 아니었다. 그렇게 마음을 다진 우공은 자신이 죽으면 대를 이어 산을 깎아 옮기겠다는 결연한 의지에 질려, 결국 산신이 옥황상제에게 산의 위치를 옮겨달라고 청하지 않았나! 단순이 옛 이야기나 동화, 신화로 치부하기엔 내용이 너무 무겁고 벅차다. 가벼워서 쉽게 흔들리는 우리들이 새겨서 듣고 삶에 적용해야 할 소중한 이야기다.

지금보다 더욱 단단하고 우직해져 세파에 쉽게 흔들리지 않는 삶을 살아내는 것이 나의 목표라면 목표다. 그래서 오늘도 나는 몸을 기꺼이 움직여 세상과 마주한다. 멈추려 해도 멈춰지지 않는 열정이 오늘도 내 안에서 타오른다.

폼 잡지 말로 플랫폼 잡아라

초판 1쇄 발행 2022년 3월 31일
초판 2쇄 발행 2023년 12월 31일

지은이 | 유영만
펴낸이 | 손선경
펴낸곳 | 모루북스

기획·편집 | 김형석
디자인 | 김윤남
인쇄소 | 영신사
제지사 | 다올페이퍼

출판등록 | 2020년 3월 17일 제2021-000034호

주   소 | 서울 중구 남대문로9길 24 패스트파이브타워 1026-3호
전   화 | 02) 3494-2945
팩   스 | 02) 6229-2945

ISBN 979-11-970019-6-3 (03320)

출판을 원하시는 분들의 투고와 기획 아이디어를 기다립니다.
moroo_publisher@naver.com